Barbara Metzger/Elke Häublein
Andreas Pöppel/Birgit Frech-Hirschler

Der Globetrotter
Eine Reise durch die Rhythmen

für den Klassenunterricht Musik
für den instrumentalen Gruppen- und Einzelunterricht
für jedes Alter

mit CD

HUG
MUSIKVERLAGE

Edition Conbrio

Rhythmussprache nach Zoltán Kodály

Zusätzlich zum exakten Sprechen der Silben kann man alle Notenwerte klatschen, wobei die längeren Notenwerte (Halbe, punktierte Halbe und Ganze) geklatscht und dann mit geschlossen gehaltenen Händen im Grundschlag mitgespürt werden. Stattdessen kann man auch auf einem Schlag- oder Geräuschinstrument spielen.

Noten-/Pausenwerte	Silben	Noten-/Pausenwerte	Silben
♩	ta	♩.	taoa
♪	ti	▬· (▬)	stummes oder geflüstertes taoa
𝄽	stummes oder geflüstertes ta	o	taoao
𝄾	stummes oder geflüstertes ti	▬	stummes oder geflüstertes taoao
♪♩♪	ti ta ti	♩. ♪	tai ti
♪♪♪ (3)	Drillinge	♫ ♬	tiri tiritiri
𝅗𝅥	tao	♬ ♬	titiri tiriti
▬	stummes oder geflüstertes tao	♪. ♪	timmri
		♬.	tirimm

Diese Seite darf kopiert werden.

Vorwort

Für wen?
Dieser Rhythmuslehrgang ist für alle, die rhythmisch fit werden wollen. Er gibt zahlreiche Anregungen Rhythmen kennen zu lernen, zu üben und sich mit ihnen spielerisch-kreativ auseinander zu setzen und ist geeignet für:

- den Klassenunterricht Musik von der Grundschule bis zum Gymnasium
- den instrumentalen Gruppen- und Einzelunterricht an der Musikschule
- die Erwachsenenbildung (z. B. Volkshochschule)

Was?
Über das Grundschlagempfinden und Akzentespüren werden Noten- und Pausenwerte kennen gelernt, zu rhythmischen Bausteinen kombiniert, mit Hilfe der Hörbeispiele auf der CD geübt und im Notenbild festgehalten:

- Grundschlag
- Akzente
- Viertel- und Achtelnoten
- Viertelpause
- Viertelsynkope
- Achtelpause

- Taktschwerpunkt
- 3/4- und 4/4-Takt
- halbe und ganze Note und Pause
- Triole
- punktierte Viertelnote
- 6/8-Takt

Wie?
Der Globetrotter ist ein **Arbeitsbuch mit Hörbeispiel-CD**. Er besteht aus einer Sammlung von Arbeitsaufträgen, die je nach Alter, Könnensstand und Gruppengröße variabel kombiniert werden, und lässt viel Raum zum eigenen Noten schreiben.

Erleben - Hören - Üben - Bewusstmachen stehen in genau dieser Reihenfolge im Vordergrund. Das körperliche Empfinden als Basis jeder Rhythmusarbeit wird angeregt und verstärkt:

- in der Bewegung
- durch körpereigene Instrumente (klatschen, stampfen, ...)
- durch Übertragen auf elementare Schlaginstrumente, Stabspiele, Umweltmaterialien (Flaschen, mit Wasser gestimmte Gläser, Töpfe, ...) und andere Instrumente (Flöte, Klavier, Geige, Keyboard, Gitarre, ...)
- im Hören

Erst dann folgen Notenschreiben und Notenlesen.

Ein **Lehrerkommentar** am Ende erläutert einzelne Übungen detailliert und gibt methodische Anregungen.

© 2000 by Edition Conbrio / ECB 6047

Übersicht

Hörbeispiele	Inhalt	Seite
1 Reiseroute	Kurzfassung aller Hörbeispiele	6
Deutschland		
2 Eines ist gemeinsam	Grundschlag hörend erfassen	8
3 Und nun?	Grundschlag in verschiedenen Tempi	9
Peru		
4 Melodie zum Träumen	Grundschlag festigen	10
5 Melodie mit Löchern		10
6 Melodie mit Variationen		10
7 Durchhalten	Grundschlag üben	11
8 Popcorn	Grundschlag in Vierwortgruppen	11
9 Eis	Grundschlag in Dreiwortgruppen	12
USA		
10 Weißt du, wann?	Akzente empfinden	14
11 Weißt du immer noch, wann?		14
Grönland		
12 Warm klatschen	Viertel- und Achtelnoten	16
13 Klapastaschna	Rhythmusecho im 4/4-Takt	16
14 Rhythmusecho zum Aufwärmen	im 4/4-Takt	19
15 Geräuschecho	im 3/4-Takt	19
16 Vorstellen der Geräusche		19
17 Instrumentenecho	im 3/4-Takt	20
Schweiz		
18 Schritte im Schnee	Vorbereitung der Viertelpause	22
19 Welches Wort macht Pause?	Viertelpause im 3/4-Takt	24
20 Für fixe Ohren		25
21 Andere Wortpausen	Viertelpause im 4/4-Takt	25
22 Für schnelle Ohren		26
Spanien		
23 Spanische Melodie	Vorbereitung der Viertelsynkope	27
24 Sprechkanon einstimmig	Einzelschreibweise der Achtelnote	27
25 Sprechkanon zweistimmig		27
26 Sprechkanon vierstimmig		27
27 Die ver-rückte Achtelnote	Viertelsynkope im 4/4-Takt	28
28 Noch mehr Ver-rückte	Viertelsynkope im 3/4-Takt	28
29 Die verlorene Achtelnote	Achtelpause	29
23 Spanische Melodie mit zusammengerückten Achtelnoten	Achteltriole	31
Österreich		
30 Schwer - leicht - leicht	Taktschwerpunkt im 3/4-Takt	32
31 Eine Melodie im 3/4-Takt	Taktart 3/4	33

4 © 2000 by Edition Conbrio / ECB 6047

Hörbeispiele	Inhalt	Seite
Der 3/4-Takt: mal so und mal so		33
32 Einmal schwer und dreimal leicht	Taktschwerpunkt im 4/4-Takt	34
33 Eine Melodie im 4/4-Takt	Taktart 4/4	39
Der 4/4-Takt: mal so und mal so		39
34 Improvisation im 4/4 eintaktig		40
35 Improvisation im 4/4 zweitaktig		40
36 Improvisation im 3/4 zweitaktig		40
37 Improvisation im 3/4 viertaktig		40
Viertel, Achtel oder was?		40
38 Holper-di-stolper	Taktart 2/4; Zwiefacher	40
39 Liedanfänge hören	Auftakt/Volltakt	41
40 Taktarten hören	3/4-Takt	42
41 Taktarten hören	4/4-Takt	42
Takte ergänzen		42

China

Hörbeispiele	Inhalt	Seite
42 Chinesische Melodie	halbe Note, Pausen im 4/4- und 3/4	44
43 Drei Chinesen ...		44
44 Filli di Lickin	halbe Note im 4/4-Takt	45
45 Filli di Lickin (Kurzfassung)		45
Rhythmusspielereien		45
46 Gongspiel 1	punktierte halbe Note im 3/4-Takt	47
47 Gongspiel 2		47
48 Gongspiel 3		47
49 Versteinern	ganze Pause im 3/4-Takt	48
50 Lange Töne und lange Pausen	ganze Note und Pause im 4/4-Takt	48

Mexiko

Hörbeispiele	Inhalt	Seite
51 Olé	punktierte Viertel im 4/4-Takt	49
52 Nach Mexiko!		49
53 Suchbild 1	Haltebogen	50
54 Suchbild 2		50
Mach mal einen Punkt		50
Der springende Punkt		51
55 Mexican Waltz	punktierte Viertel im 3/4-Takt	52
56 Lückentext		53
57 Fiesta rhythmicana im 3/4-Takt		53
58 Fiesta rhythmicana im 4/4-Takt		54

Schottland

Hörbeispiele	Inhalt	Seite
59 Schottischer Tanz	6/8-Takt	55
60 Schottischer Tanz mit Pausen		55
61 Grandpapa/Grandmama oder Opapa/Omama		56
62 Noch mehr Großeltern		59
Komponieren		59
63 Sortieren		59
1 Erinnerungsfotos (Reiseroute)	Wiederholung aller Lerninhalte	61

Lehrerkommentar 64

Herzlich willkommen an Bord!

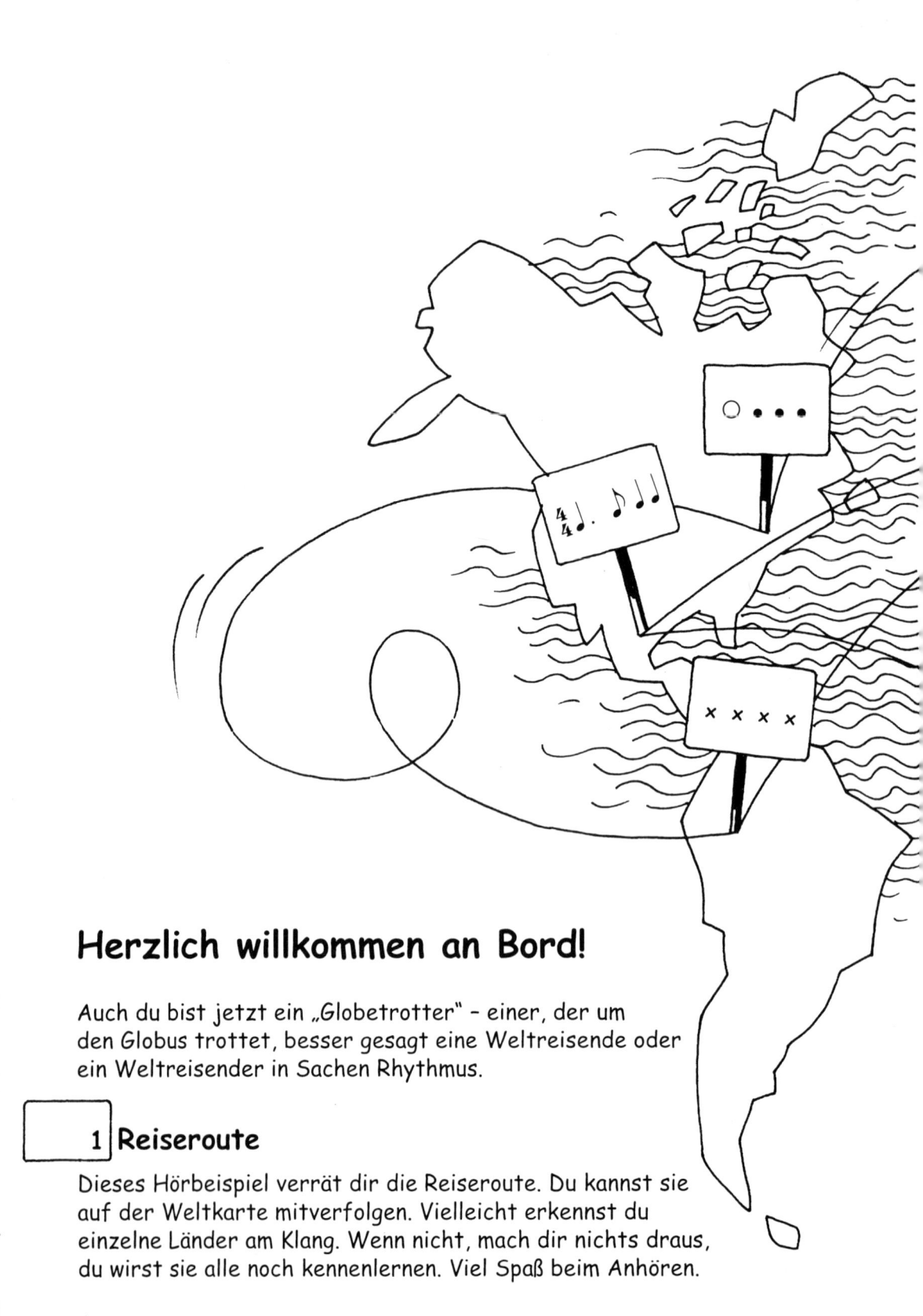

Auch du bist jetzt ein „Globetrotter" – einer, der um den Globus trottet, besser gesagt eine Weltreisende oder ein Weltreisender in Sachen Rhythmus.

1 Reiseroute

Dieses Hörbeispiel verrät dir die Reiseroute. Du kannst sie auf der Weltkarte mitverfolgen. Vielleicht erkennst du einzelne Länder am Klang. Wenn nicht, mach dir nichts draus, du wirst sie alle noch kennenlernen. Viel Spaß beim Anhören.

© 2000 by Edition Conbrio / ECB 6047

Zuerst gibt's einen Kurz-
streckenflug in Deutschland.
Achtung, der Countdown läuft: 5 4 3 2 1

Deutschland

2 Eines ist gemeinsam

*☐ Gehe so durch den Raum, dass deine Schritte zur Musik passen.

☐ Suche andere gleichmäßige Bewegungen zur Musik: winken, hüpfen, ... Schreibe deine Ideen auf:

_____

_____

☐ Klatsche gleichmäßig zur Musik.

☐ Probiere andere Körperinstrumente aus: patschen, schnalzen, schnipsen, ... Schreibe deine Ideen auf:

_____

_____

☐ Begleite die unterschiedlichen Musikteile mit verschiedenen Körperinstrumenten. Schreibe eine Möglichkeit hier auf:

_____

_____

☐ Spiele den **Grundschlag** mit Umweltmaterialien (Papier, Stift, ...) oder auf Schlaginstrumenten (Klanghölzer, Handtrommel, ...) dazu.

☐ Hast du die Geräusche in der Musik erkannt? Welche Geschichten könnten dahinter stecken?

---

* Welche Aufgaben du zu Hause erledigen sollst und welche im Unterricht bereits behandelt wurden, kannst du im ☐ vermerken.

3 Und nun?

Das Musikstück hat sich etwas verändert, aber alle Aufgaben von vorhin passen wieder dazu:

☐ Gehe so durch den Raum, dass deine Schritte zur Musik passen.

☐ Suche andere gleichmäßige Bewegungen zur Musik: winken, hüpfen, ... Schreibe deine Ideen auf:

_____

☐ Klatsche gleichmäßig zur Musik.

☐ Probiere andere Körperinstrumente aus: patschen, schnalzen, schnipsen, ... Schreibe deine Ideen auf:

_____

☐ Begleite die unterschiedlichen Musikteile mit verschiedenen Körperinstrumenten. Schreibe eine Möglichkeit hier auf:

_____

☐ Spiele den **Grundschlag** mit Umweltmaterialien (Papier, Stift, ...) oder auf Schlaginstrumenten (Klanghölzer, Handtrommel, ...) dazu.

Und nun kommt ein großer Sprung über den Ozean. Halte dich gut fest.

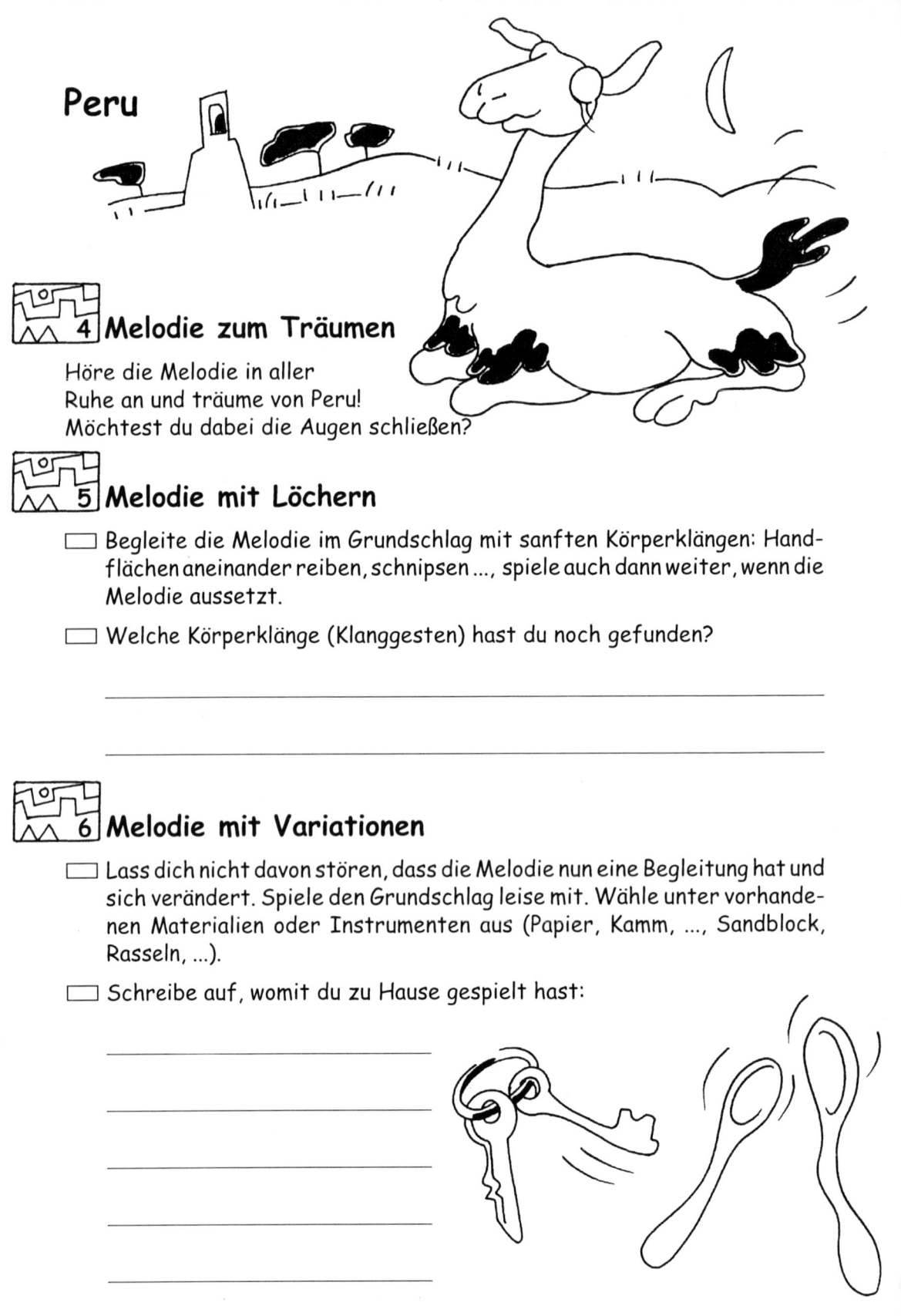

Peru

4 Melodie zum Träumen

Höre die Melodie in aller
Ruhe an und träume von Peru!
Möchtest du dabei die Augen schließen?

5 Melodie mit Löchern

☐ Begleite die Melodie im Grundschlag mit sanften Körperklängen: Handflächen aneinander reiben, schnipsen ..., spiele auch dann weiter, wenn die Melodie aussetzt.

☐ Welche Körperklänge (Klanggesten) hast du noch gefunden?

_____

_____

6 Melodie mit Variationen

☐ Lass dich nicht davon stören, dass die Melodie nun eine Begleitung hat und sich verändert. Spiele den Grundschlag leise mit. Wähle unter vorhandenen Materialien oder Instrumenten aus (Papier, Kamm, ..., Sandblock, Rasseln, ...).

☐ Schreibe auf, womit du zu Hause gespielt hast:

_____

_____

_____

_____

7 Durchhalten

☐ Wähle einen Körperklang und spiele im Grundschlag zur Musik. Halte durch, egal was passiert.

☐ Suche dir zwei Körperklänge aus und spiele sie abwechselnd zum Stück: klatschen – patschen, stampfen – schnalzen, ...

☐ Lass dich von der Musik durch den Raum bewegen: im Grundschlag vorwärts gehen, rückwärts gehen, springen, auf einem Bein hüpfen, ...

☐ Hast du erkannt, mit welchen Instrumenten die Rhythmen gespielt wurden? Wenn du schon einige Instrumente mit Namen kennst, schreibe sie hier auf:

_____

_____

☐ *Wähle einen oder mehrere Töne auf deinem Instrument und spiele im Grundschlag zur Musik.* *

8 Popcorn

Pop –	corn	gibt	es.
Jan,	der	liebt	es.
Kim,	die	mag	es
und	ich	hab	es.

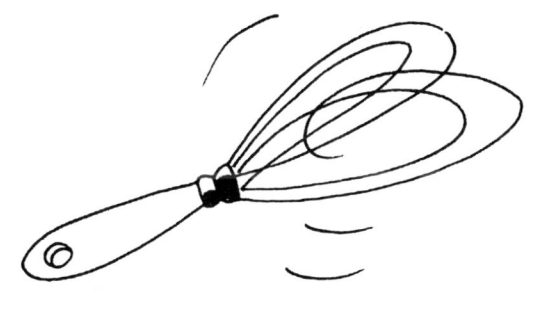

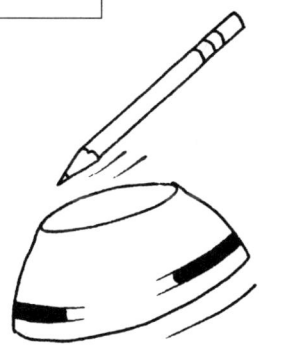

---

* Die kursiv gedruckten Aufgaben sind zum Spiel auf Instrumenten gedacht. Wer kein Instrument wie Flöte, Gitarre, Klavier, ... spielt, kann auch verschieden hoch klingende Flaschen oder mit Wasser gefüllte Gläser mit einem Bleistift anschlagen, ein Glockenspiel oder Xylophon benutzen. Wichtig ist, dass verschieden hohe Töne erklingen.

☐ Höre den Sprechvers an und sprich immer den vollständigen Text dazu, auch wenn auf der CD Worte fehlen. Nach einigen Wiederholungen kannst du ihn sicher auswendig.

☐ Finde zu den Textzeilen passende Gesten:
  – mit der Hand in eine imaginäre Popcorntüte greifen
  – Hände aufs Herz legen, ...
Schreibe deine Ideen auf:

_____

_____

☐ Sprich jeden Satz vollständig. Lasse anschließend in jeder Zeile das letzte Wort weg, sprich dann nur das erste und dritte Wort, zum Schluss nur noch das dritte Wort. Auf der CD wird es dir genauso vorgesprochen. Du kannst zur CD oder auch ganz alleine sprechen.

☐ Wenn du die Texte gut beherrschst, kannst du die Aufgabe umkehren. Sprich nur die fehlenden Worte zur CD.

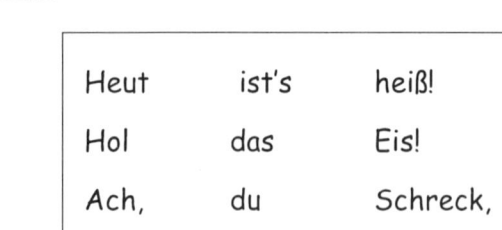

9 Eis

Heut	ist's	heiß!
Hol	das	Eis!
Ach,	du	Schreck,
ist	schon	weg!

☐ Höre den Sprechvers an und sprich immer den vollständigen Text dazu, auch wenn auf der CD Worte fehlen. Nach einigen Wiederholungen kannst du ihn sicher auswendig.

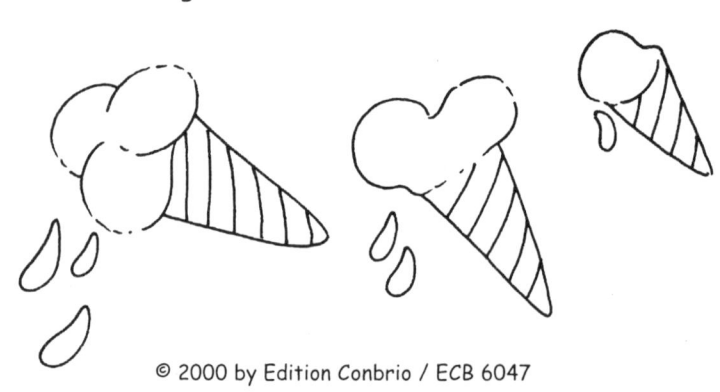

☐ Finde zu den Textzeilen passende Gesten:
  – über die Stirn wischen
  – in Richtung Kühlschrank zeigen, ...
  Schreibe deine Ideen auf:

  _____

  _____

☐ Sprich jeden Satz vollständig. Lasse anschließend in jeder Zeile das mittlere Wort weg, dann die beiden letzten Worte, sprich zum Schluss nur noch das dritte Wort. Auf der CD wird es dir genauso vorgesprochen. Du kannst zur CD oder auch ganz alleine sprechen.

☐ Wenn du die Texte gut beherrschst, kannst du die Aufgabe umkehren. Sprich nur die fehlenden Worte zur CD.

Und jetzt: ab in den Norden!

USA

10 Weißt du, wann?

☐ Gehe im Grundschlag durch den Raum und reagiere auf jeden besonderen Klang mit einer besonderen Bewegung. Vorsicht, die Abstände der besonderen Klänge wechseln!

☐ Spiele auf einem Schlaginstrument deiner Wahl zu dem besonderen Klang. Hast du schon durchschaut, nach welchen Regeln der Wechsel stattfindet?

☐ Nimm Papier und Bleistift und male zur Musik. Wähle für die besonderen Klänge ein besonderes Zeichen, die anderen Klänge erhalten einen Punkt,

z.B.:   ○ • • •   ○ • • • ... ○ • •   ○ • •   ...

oder: ✓ • • •   ✓ • • • ... ✓ • •   ✓ • •   ...

☐ Betrachte dein Bild. Jetzt erkennst du sicher genau, in welcher Reihenfolge die besonderen Klänge auftreten.

11 Weißt du immer noch, wann?

☐ Beim Anhören dieses Hörbeispiels wirst du merken, dass die besonderen Stellen diesmal alle gleich klingen. Suche Gegenstände, mit denen du ungewöhnliche Klänge erzeugen kannst (Babyrassel, Trillerpfeife, ...) und spiele an den entsprechenden Stellen mit.

Deine Gegenstände:

_____

_____

☐ *Spiele auf deinem Instrument an den besonderen Stellen mit.* *

☐ *Erfinde auf deinem Instrument witzige Klänge und spiele sie zu den besonderen Stellen, z.B. glissando, klopfen, pizzicato....*

Achtung, jetzt wird's kalt. Wer nicht erfrieren will, muss sich warm klopfen, stampfen oder klatschen!

---

* Zur Erinnerung: Die kursiv gedruckten Aufgaben sind zum Spiel auf Instrumenten gedacht. Wer kein Instrument wie Flöte, Gitarre, Klavier, ... spielt, kann auch verschieden hoch klingende Flaschen oder mit Wasser gefüllte Gläser mit einem Bleistift anschlagen, ein Glockenspiel oder Xylophon benutzen. Wichtig ist, dass verschieden hohe Töne erklingen.

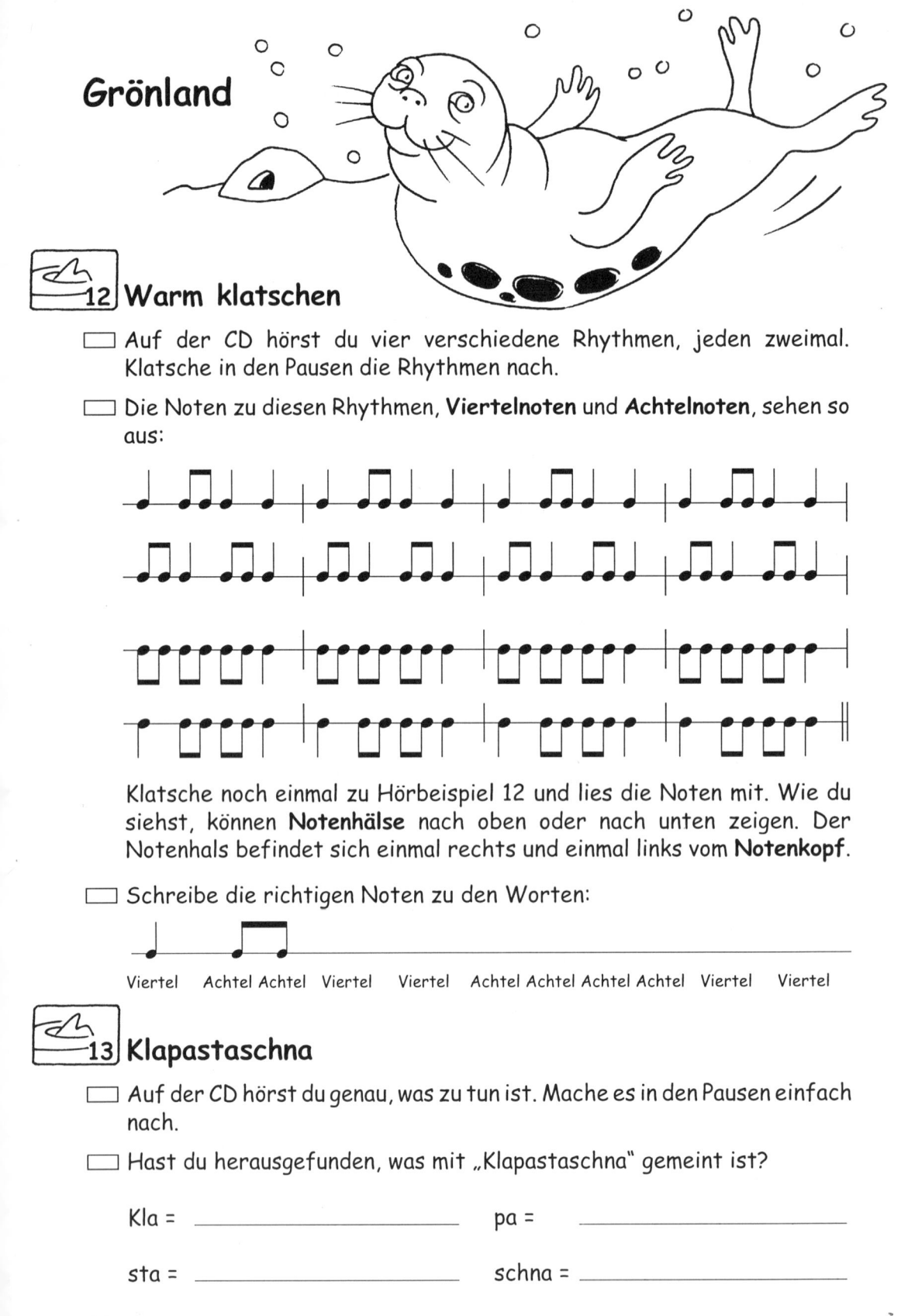

Grönland

12 Warm klatschen

☐ Auf der CD hörst du vier verschiedene Rhythmen, jeden zweimal. Klatsche in den Pausen die Rhythmen nach.

☐ Die Noten zu diesen Rhythmen, **Viertelnoten** und **Achtelnoten**, sehen so aus:

Klatsche noch einmal zu Hörbeispiel 12 und lies die Noten mit. Wie du siehst, können **Notenhälse** nach oben oder nach unten zeigen. Der Notenhals befindet sich einmal rechts und einmal links vom **Notenkopf**.

☐ Schreibe die richtigen Noten zu den Worten:

Viertel   Achtel Achtel   Viertel   Viertel   Achtel Achtel Achtel Achtel   Viertel   Viertel

13 Klapastaschna

☐ Auf der CD hörst du genau, was zu tun ist. Mache es in den Pausen einfach nach.

☐ Hast du herausgefunden, was mit „Klapastaschna" gemeint ist?

Kla = _____   pa = _____

sta = _____   schna = _____

- Legestreifen -

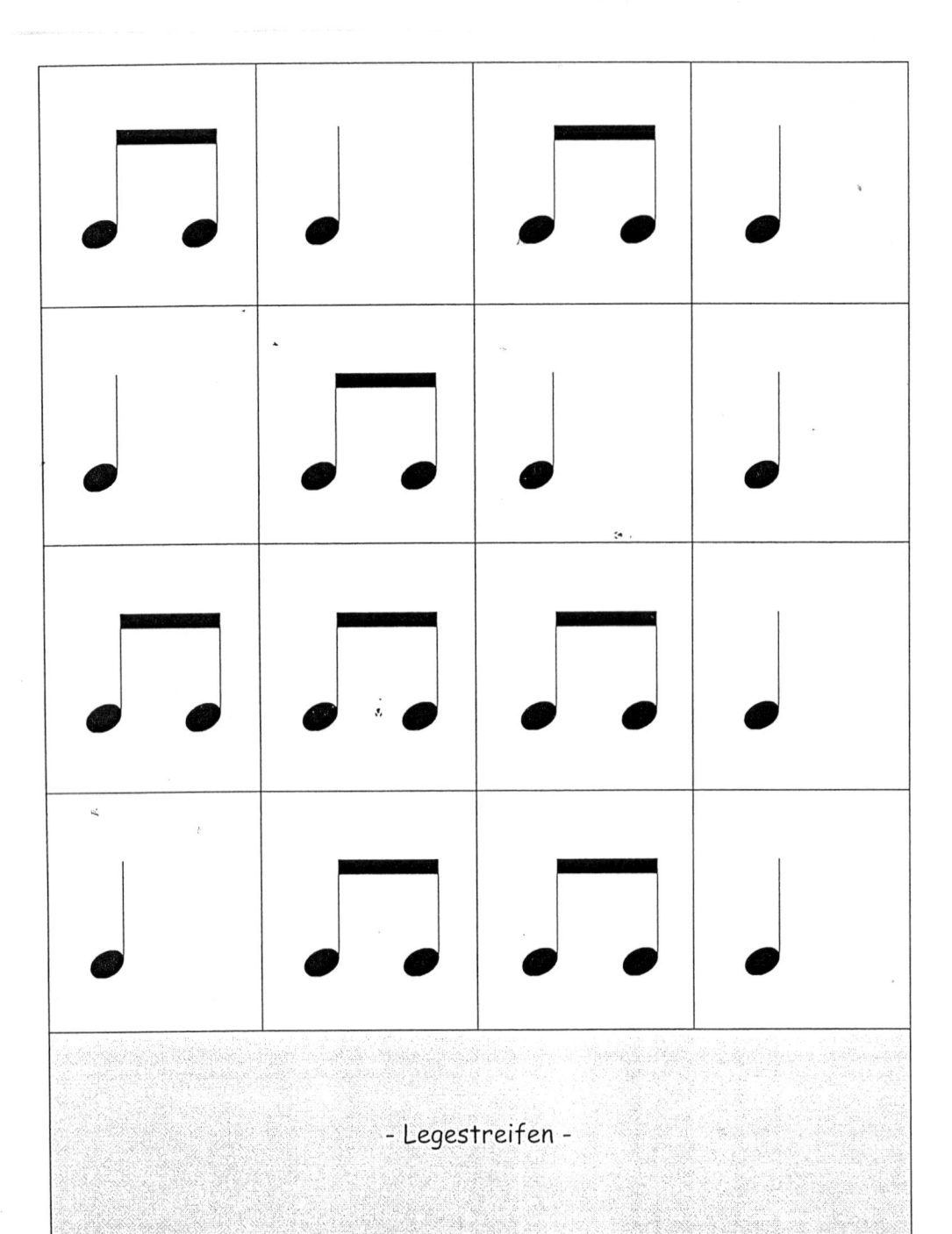

- Legestreifen -

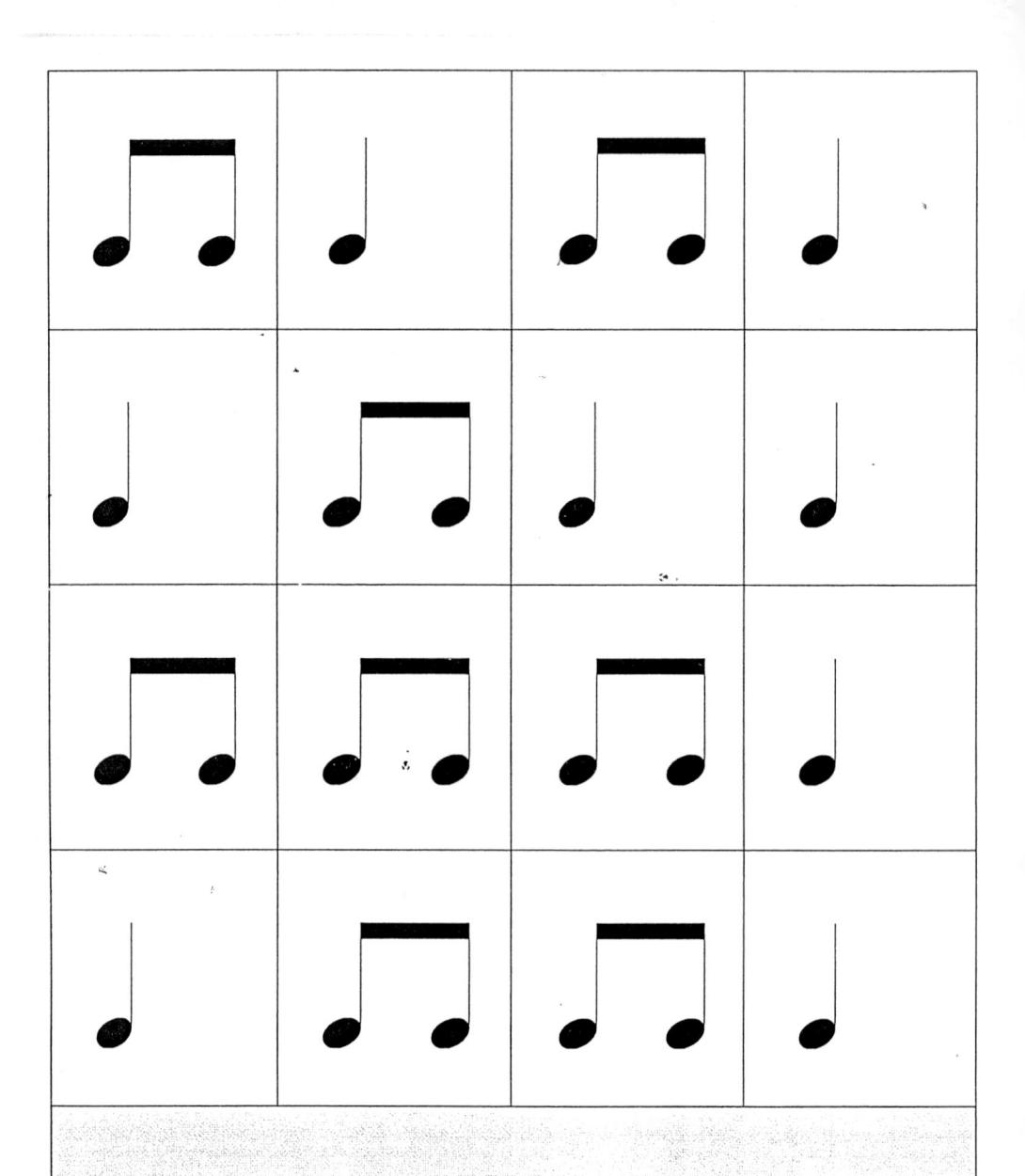

- Legestreifen -

Schneide die Notenkärtchen und den Legestreifen aus. Besorge dir einen passenden Briefumschlag, klebe ihn links an die Leiste und bewahre die Notenkarten und den Legestreifen darin auf.

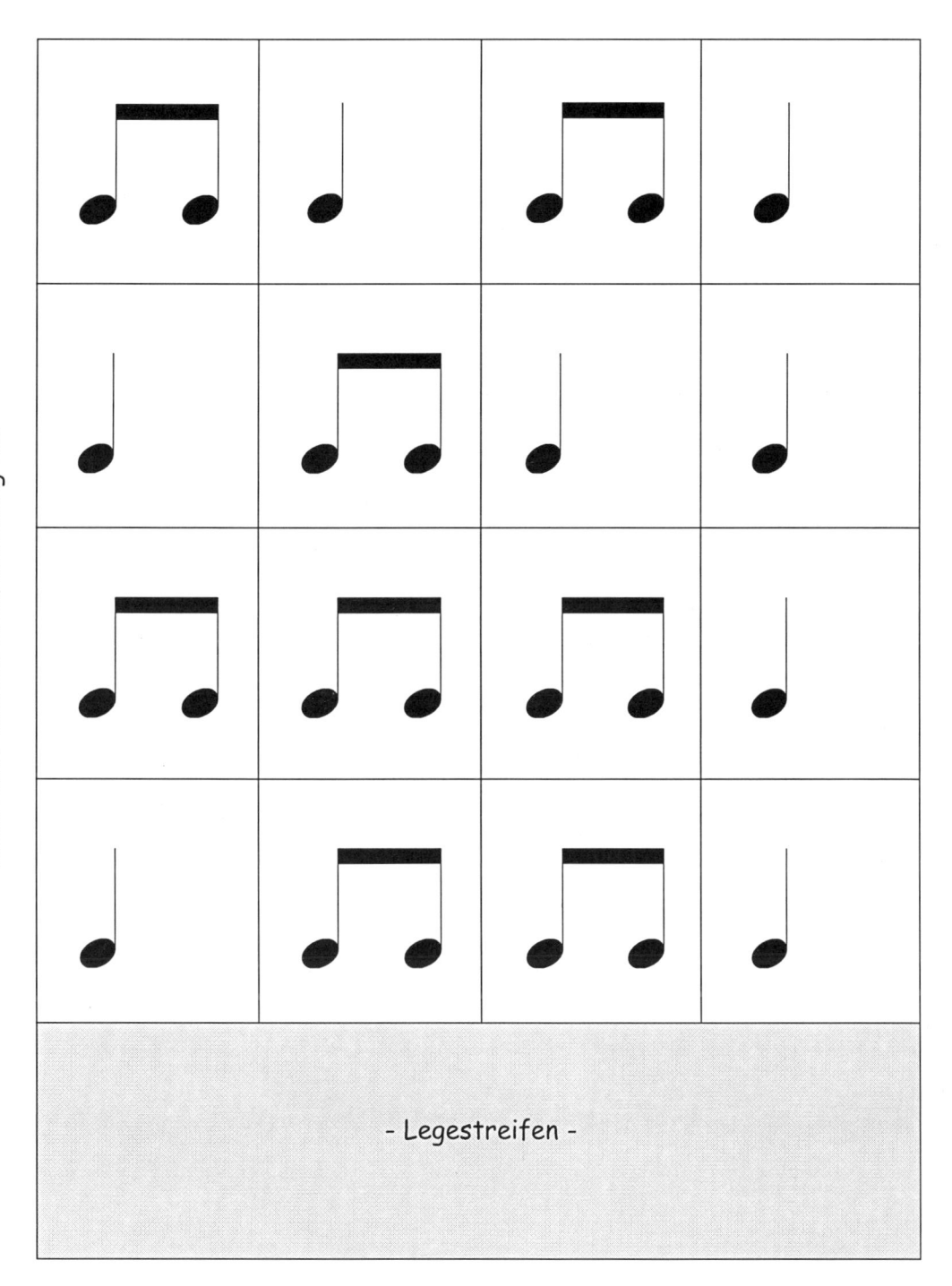

- Klebe hier deinen Briefumschlag ein -

- Legestreifen -

(Rückseite der Rhythmuskarten)

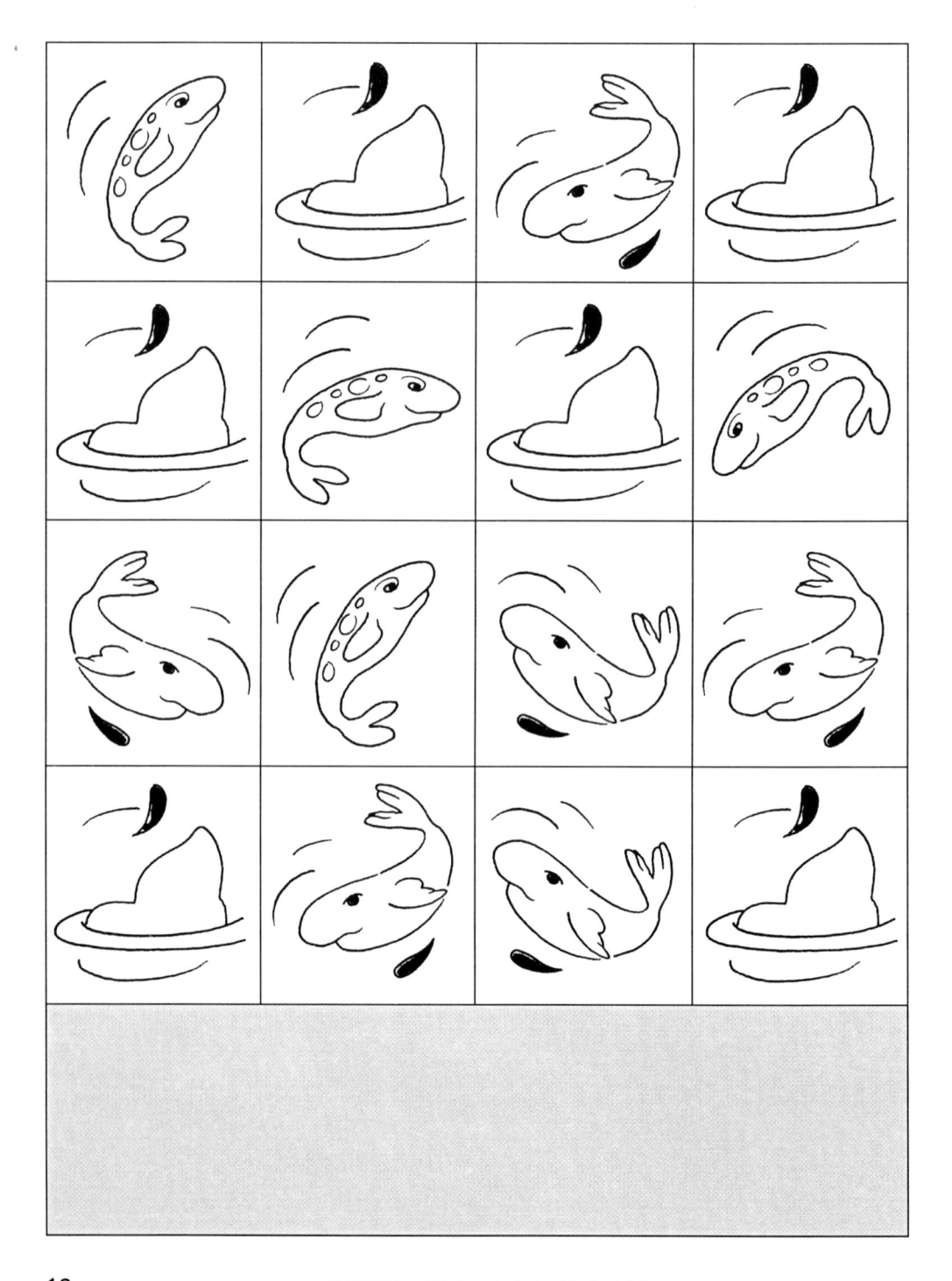

18 © 2000 by Edition Conbrio / ECB 6047

☐ Lege mit den Rhythmuskarten die vier Rhythmen von Hörbeispiel 13 auf und unter dem Legestreifen nach. Spiele auf deinem Körper nochmals mit und lies die Noten dabei.

14 Rhythmusecho zum Aufwärmen

☐ Du bist das Echo! Spiele die Rhythmen auf einem Schlaginstrument oder anderen passenden Materialien, die du gerade findest, in den Pausen nach. Jedes rhythmische Muster erklingt zweimal.

☐ Hier sind die Noten zu den rhythmischen Mustern notiert. Aber das Echo fehlt. Schreibe die Noten des Echos auf. Achte dabei genau auf die Abstände und Form der Noten. Das **Wiederholungszeichen** ||:   :|| zeigt an, dass jede Zeile zweimal gespielt – also wiederholt – wird.

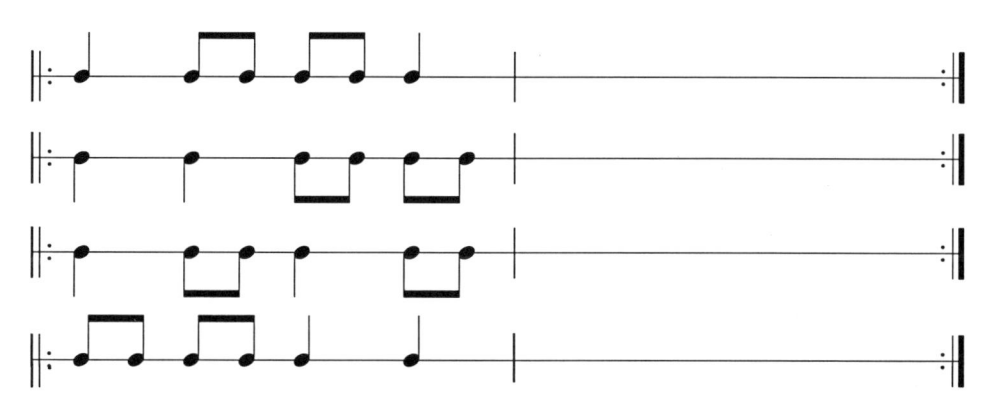

☐ Anstelle des rhythmischen Echos soll jetzt eine Melodie im gleichen Rhythmus erklingen. Du kannst sie singen *oder auf deinem Instrument spielen.*

15 16 Geräuschecho

☐ Höre das Beispiel 15 an und klatsche in den Pausen das Gehörte nach. Jedes rhythmische Muster wird wiederholt und erklingt hintereinander in vier verschiedenen Geräuschen.

☐ Zeige beim Anhören die Noten mit. Ergänze die Noten des Echos.

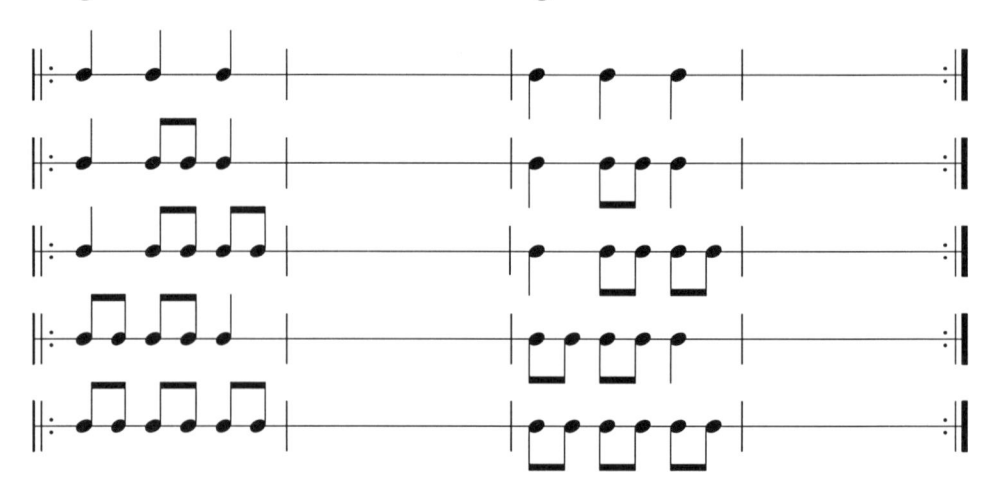

☐ Höre genau auf die Klänge von Hörbeispiel 16. Nummeriere die abgebildeten Gegenstände in der Reihenfolge, in der du sie gehört hast.

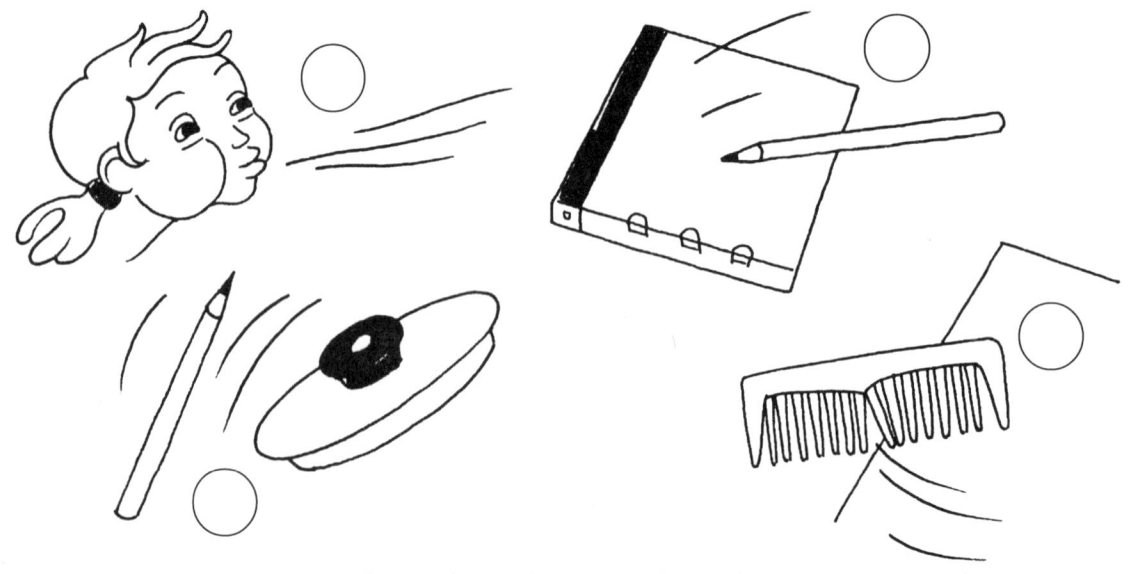

☐ Lege dir zu Hause alles in der richtigen Reihenfolge bereit. Jetzt kannst du die Rhythmen vom Hörbeispiel 15 damit genau nachspielen. Jede Zeile wird hintereinander mit allen vier Gegenständen gespielt.

17 Instrumentenecho

☐ Du bist das Echo! Spiele die Rhythmen auf einem Schlaginstrument oder anderen passenden Materialien, die du gerade findest, in den Pausen nach. Jedes rhythmische Muster wird wiederholt, das ganze Stück erklingt zweimal.

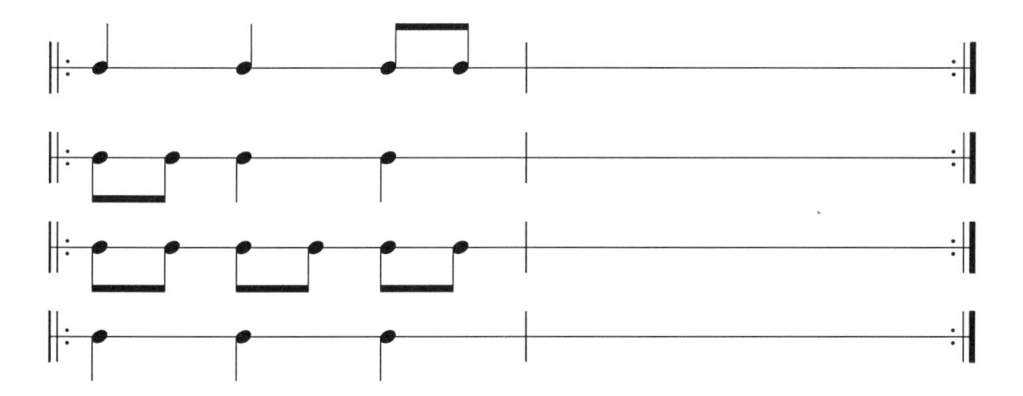

☐ Hier sind die Noten zu den rhythmischen Mustern notiert, aber das Echo fehlt. Schreibe die Noten des Echos auf. Achte dabei genau auf die Abstände und Form der Noten.

☐ Anstelle des rhythmischen Echos soll jetzt eine Melodie im gleichen Rhythmus erklingen. Du kannst sie singen *oder auf deinem Instrument spielen.*

Wie wär's jetzt mit einem Ausflug in die Berge?

Schweiz

18 Schritte im Schnee

☐ Auf unserer Wanderung treffen wir auf ein vereistes Schneefeld. Obwohl wir vorsichtige Schritte machen, brechen wir manchmal ein. Unten siehst du die Spuren. Höre das Beispiel an und deute jeden Schritt mit.

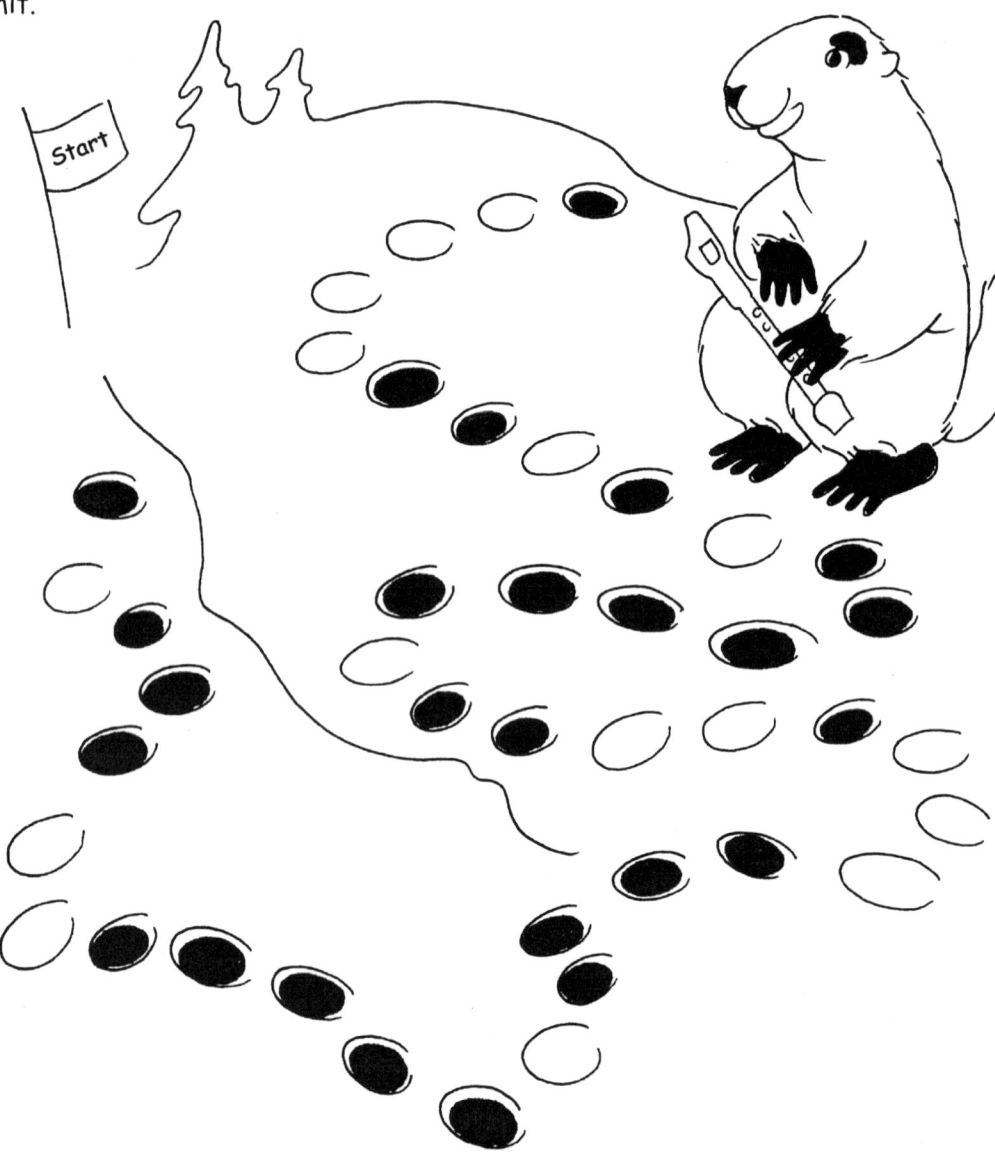

☐ Deute wieder mit und begleite das Einbrechen mit einem passenden Stimmgeräusch, die Schritte auf dem Schnee sind fast lautlos.

☐ Nimm deinen „Globetrotter" in die Hand und marschiere zu Hörbeispiel 18 durch den Raum. Die Schritte klingen unterschiedlich:
„Einbrechen": lautes Stampfen
„Der Schnee hält": unhörbarer Schritt

☐ Probiere das gleiche ohne Unterstützung der CD.

☐ Nimm ein Instrument (auch Körperinstrument) und begleite das „Einbrechen".

☐ Hier siehst du noch einmal einen Ausschnitt des Weges, darunter Noten und Pausenzeichen. Erkennst du den Zusammenhang?

☐ Das **Pausenzeichen der Viertelnote** schreibt man so:

Hier hörst du nichts.

Schreibe das Pausenzeichen selbst:

☐ In die **Notenlinien** schreibt man die Viertelpause so:

☐ Ein neuer Weg über das Schneefeld. Schreibe die passenden Noten und Pausen darunter:

19 Welches Wort macht Pause?

☐ In den folgenden zusammengesetzten Wörtern macht jeweils ein Wort Pause. Du hörst jedes Beispiel viermal. Kreuze in dieser Zeit das fehlende Wort an:

☐ Luft-	☐ Schloss-	☐ Geist
☐ Frosch-	☐ Laich-	☐ Teich
☐ Fern-	☐ Schnell-	☐ Zug
☐ Feder-	☐ Ball-	☐ Spiel
☐ Milch-	☐ Speise-	☐ Eis
☐ Schnurr-	☐ Bart-	☐ Haare
☐ Schmetter-	☐ Klapper-	☐ Sittich
☐ Schweizer-	☐ Löcher-	☐ Käse

☐ Jedes Wort darf einmal Pause machen, z.B. „Luft – Geist", dann heißen die Noten: ♩ 𝄽 ♩

Schreibe die Noten und Pausen in die Kästchen, lies die neuen Wörter genau im Rhythmus und achte besonders auf das Einhalten der Pause. In jeder Zeile darf eine Viertelpause stehen.

20 Für fixe Ohren

☐ Wenn du die Aufgaben davor gelöst hast, höre dir Beispiel 20 an. Zu jedem zusammengesetzten Wort von Seite 24 erklingt *eine* der Pausenmöglichkeiten, die du eingetragen hast. Kennzeichne sie mit einem Kreuz im Kästchen.

☐ *Wähle ein Instrument und spiele die Rhythmen zu Hörbeispiel 20. Achte dabei genau auf die Pausen.*

21 Andere Wortpausen

☐ In den folgenden zusammengesetzten Wörtern macht wieder jeweils ein Wort Pause. Du hörst jedes Beispiel viermal. Kreuze in dieser Zeit das fehlende Wort an:

☐ Fuß-	☐ Ball-	☐ Spiel-	☐ Feld
☐ Floh-	☐ Zirkus-	☐ Zelt-	☐ Dach
☐ Spuk-	☐ Schloss-	☐ Geister-	☐ Tanz
☐ Ritter-	☐ Rüstungs-	☐ Schmier-	☐ Öl
☐ Kroko-	☐ Dino-	☐ Fanten-	☐ Bär
☐ Kirsch-	☐ Schoko-	☐ Sahne-	☐ Torte
☐ Regen-	☐ Bogen-	☐ Farben-	☐ Zauber
☐ Super-	☐ Kuller-	☐ Kitzel-	☐ Spaß

☐ Jedes Wort darf einmal Pause machen, z.B. „Fuß Ball – Feld", dann heißen die Noten: ♩ ♩ 𝄽 ♩

Schreibe die Noten und Pausen in die Kästchen, lies die neuen Worte genau im Rhythmus mit und achte besonders auf das Einhalten der Pause. In jeder Zeile darf eine Viertelpause stehen.

Fuß-	Ball-	Spiel-	Feld
♩	♩	♩	♩

Floh-	Zir-kus-	Zelt-	Dach
♩	♫	♩	♩

Rit-ter-	Rüs-tungs-	Schmier-	Öl
♫	♫	♩	♩
☐			
☐			
☐			
☐			

Su-per-	Kul-ler-	Kit-zel-	Spaß
♫	♫	♫	♩
☐			
☐			
☐			
☐			

Spuk-	Schloss-	Geis-ter-	Tanz
♩	♩	♫	♩
☐			
☐			
☐			
☐			

Kirsch-	Scho-ko-	Sah-ne-	Tor-te
♩	♫	♫	♫
☐			
☐			
☐			
☐			

22 Für schnelle Ohren

☐ Wenn du die Aufgaben davor gelöst hast, höre dir Beispiel 22 an. Zu jedem zusammengesetzten Wort der Seiten 25 und 26 erklingt *eine* der Pausenmöglichkeiten, die du eingetragen hast. Kennzeichne sie mit einem Kreuz im Kästchen.

☐ *Wähle ein Instrument und spiele die Rhythmen zu Beispiel 22. Achte dabei genau auf die Pausen.*

Und jetzt ab in den sonnigen Süden nach ...

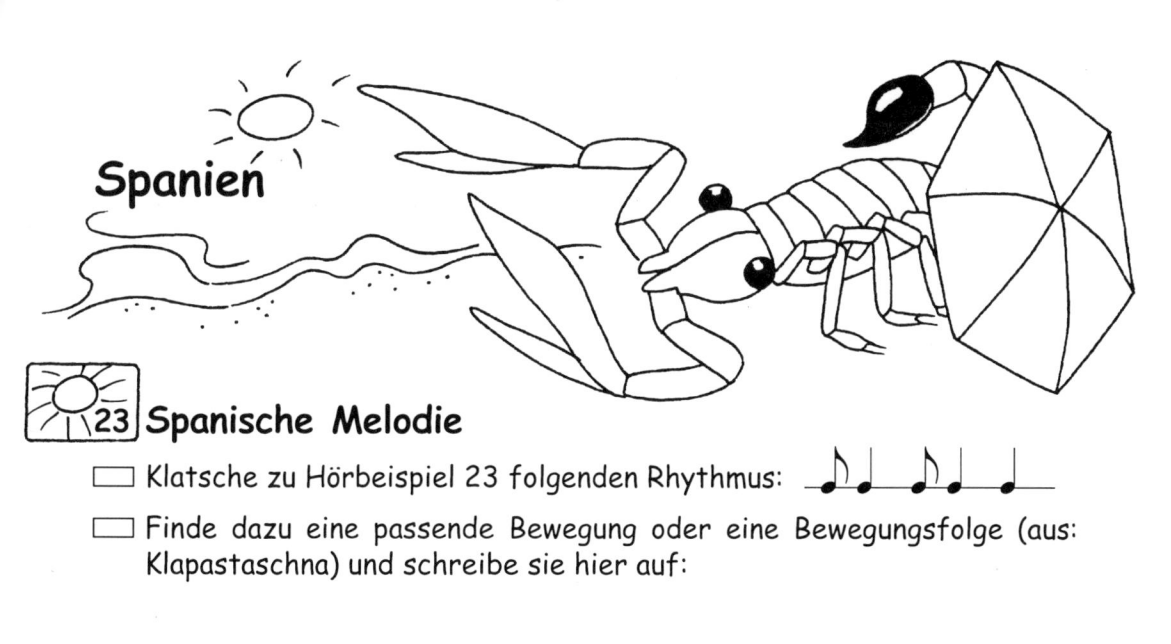

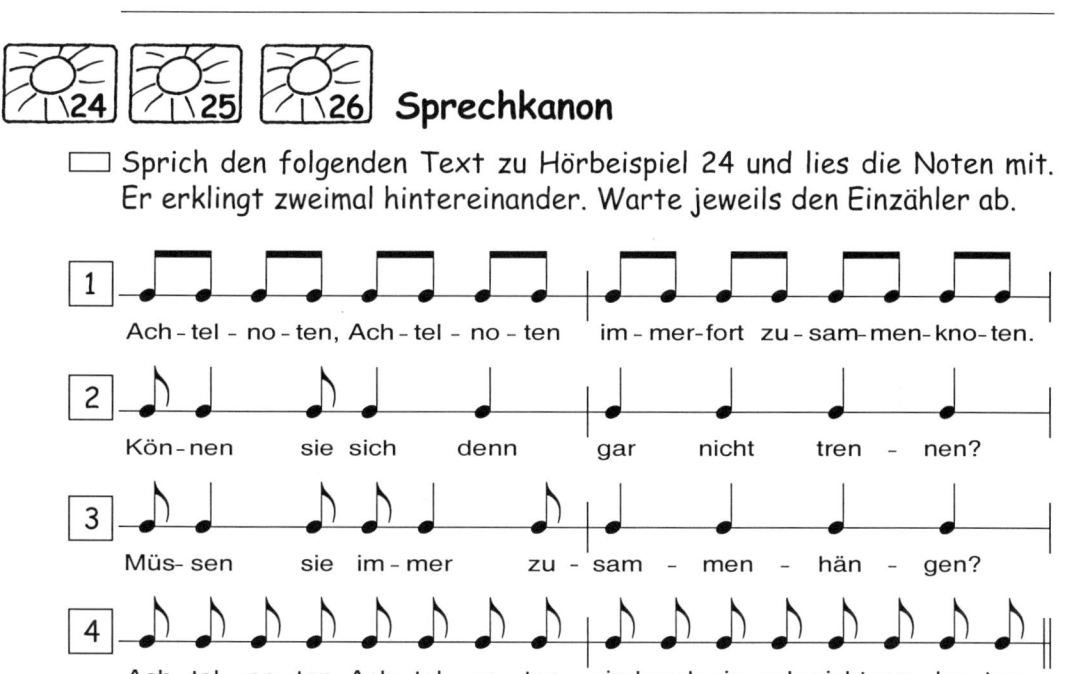

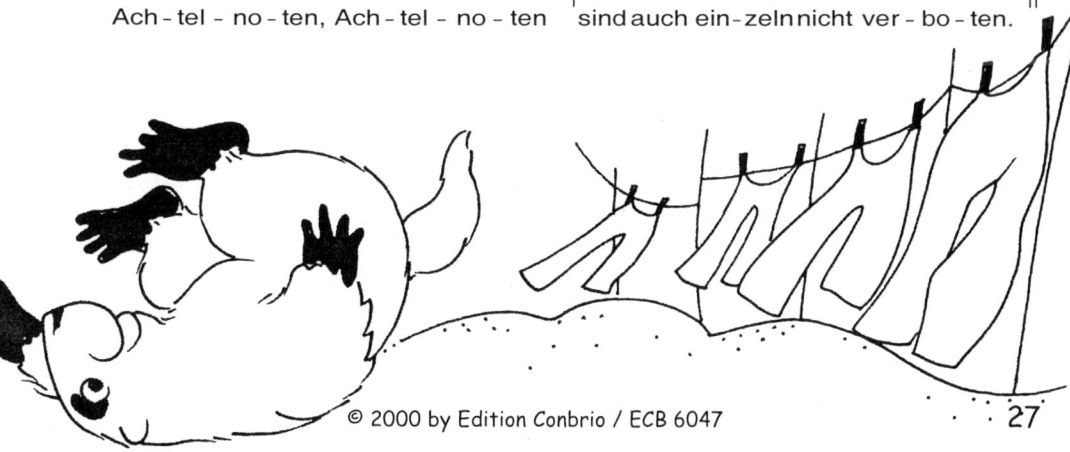

Spanien

🔆 23 Spanische Melodie

☐ Klatsche zu Hörbeispiel 23 folgenden Rhythmus:

☐ Finde dazu eine passende Bewegung oder eine Bewegungsfolge (aus: Klapastaschna) und schreibe sie hier auf:

_____

🔆 24 🔆 25 🔆 26 Sprechkanon

☐ Sprich den folgenden Text zu Hörbeispiel 24 und lies die Noten mit. Er erklingt zweimal hintereinander. Warte jeweils den Einzähler ab.

1. Ach-tel-no-ten, Ach-tel-no-ten im-mer-fort zu-sam-men-kno-ten.
2. Kön-nen sie sich denn gar nicht tren - nen?
3. Müs-sen sie im-mer zu - sam - men - hän - gen?
4. Ach-tel-no-ten, Ach-tel-no-ten sind auch ein-zeln nicht ver-bo-ten.

© 2000 by Edition Conbrio / ECB 6047

☐ Sprich den gleichen Text zum Hörbeispiel 25. Er erklingt jetzt als **zweistimmiger Kanon**. Beginne gleich nach dem Einzähler und sprich den Text zweimal. Die zweite Stimme folgt dir mit einer Zeile Abstand.

☐ Sprich den gleichen Text zu Hörbeispiel 26. Jetzt hörst du den Kanon **vierstimmig**. Du kannst wieder gleich nach dem Einzähler anfangen oder dir auch eine andere Stimme zum Mitsprechen aussuchen. Jede Stimme spricht den Text zweimal hintereinander.

27 Die ver-rückte Achtelnote

☐ Sprich in den Pausen nach, was du im Beispiel 27 hörst.

☐ Klatsche die Rhythmen nach.

☐ Spiele die Rhythmen auf einem Instrument nach.

☐ Hier sind die Noten zu Hörbeispiel 27. Ergänze die fehlenden Noten.

In der Musik bezeichnet man diese Folge von Notenwerten ♪ ♩ ♪ als **Viertelsynkope**.

28 Noch mehr Ver-rückte

☐ Sprich in den Pausen nach, was du im Beispiel 28 hörst.

☐ Klatsche die Rhythmen nach.

☐ Spiele die Rhythmen auf einem Instrument nach.

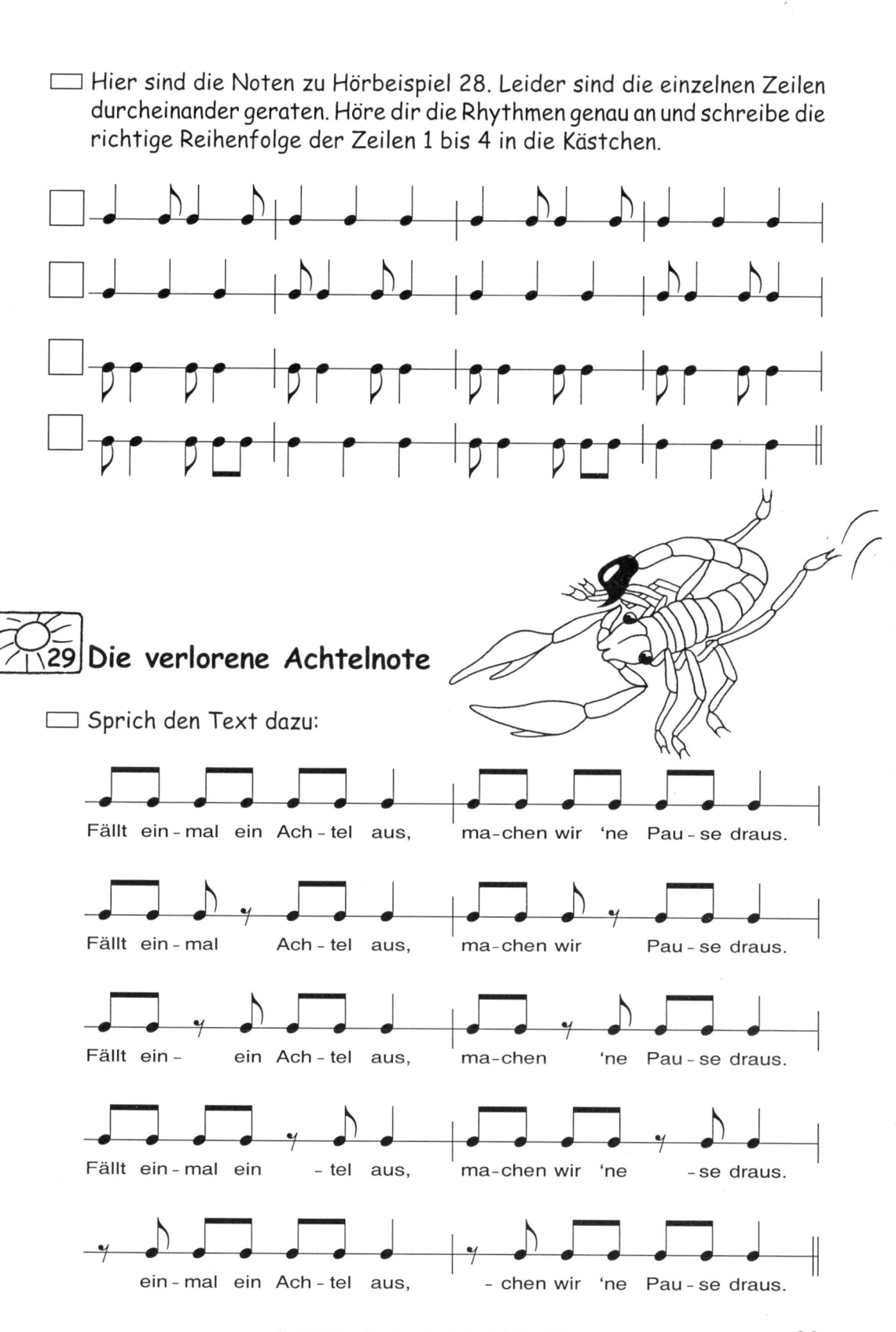

☐ Hier sind die Noten zu Hörbeispiel 28. Leider sind die einzelnen Zeilen durcheinander geraten. Höre dir die Rhythmen genau an und schreibe die richtige Reihenfolge der Zeilen 1 bis 4 in die Kästchen.

29 Die verlorene Achtelnote

☐ Sprich den Text dazu:

Fällt ein - mal ein Ach - tel aus, ma - chen wir 'ne Pau - se draus.

Fällt ein - mal Ach - tel aus, ma - chen wir Pau - se draus.

Fällt ein - ein Ach - tel aus, ma - chen 'ne Pau - se draus.

Fällt ein - mal ein - tel aus, ma - chen wir 'ne - se draus.

 ein - mal ein Ach - tel aus, - chen wir 'ne Pau - se draus.

☐ Sprich den Text und überlege dir für die Achtelpause eine kleine, lautlose Bewegung, z.B. an die Nase stubsen, ans Ohr fassen, ... Schreibe deine Ideen hier auf:

_____

_____

☐ Klatsche die Rhythmen dazu und behalte die Pausenbewegung bei.

☐ *Erfinde auf deinem Instrument eine passende Melodie zur 1. Zeile. Schreibe sie auf Notenpapier und klebe sie hier am Rand ein. Jetzt kannst du die verschiedenen Achtelpausen von Zeile 2 bis 5 in deine Melodie „einbauen".*

☐ Die **Achtelpausen** schreibt man so: 𝄿

Schreibe selbst: 𝄿 _____

☐ In die **Notenlinien** schreibt man die Achtelpause so:

☐ Hier fehlt doch was?

23 Spanische Melodie mit zusammengerückten Achtelnoten

☐ Patsche zu diesem Hörbeispiel folgendes Ostinato auf die Oberschenkel:

In der Musik nennt man diese Folge von Noten 🎵🎵🎵 **Achteltriole**.

☐ Dieses Ostinato soll nun zweistimmig erklingen.

A beginnt:

B setzt später ein:

☐ Spielt jetzt das zweistimmige Ostinato zur spanischen Melodie.
☐ Schreibe in die Lücken **Achteltriolen**:

☐ Begleite die spanische Melodie mit diesem Ostinato.

Wir verlassen nun die rhythmischen Spanier und wenden uns den „taktvollen" Österreichern zu.

Österreich

30 Schwer – leicht – leicht

☐ Du hörst zwei verschiedene Körperklänge in einer bestimmten Reihenfolge. Zum Beispiel: stampfen – klatschen – klatschen
Hast du die Körperklänge erkannt? Schreibe deine eigenen Klangfolgen auf und spiele mit:

_____

_____

☐ Sicherlich hast du gehört, dass sich „schwere" und „leichte" Klänge abgewechselt haben. Höre die Beispiele nochmals an und kennzeichne die „schweren" Noten (den **Schwerpunkt**) in der folgenden Notenkette mit einem **Akzent** (>):

☐ Setze jetzt vor jeden Akzent außerdem einen **Taktstrich**.

Unser Stück steht somit im **3/4-Takt**, das heißt, in jedem Takt sind drei Viertelnoten enthalten:

32 © 2000 by Edition Conbrio / ECB 6047

☐ Auch ein Dirigent zeigt den Schwerpunkt im 3/4-Takt deutlich an. Übe die Bewegungsabläufe und dirigiere zum Hörbeispiel:

Dirigierbewegung: linke Hand

Dirigierbewegung: rechte Hand

31 Eine Melodie im 3/4-Takt

☐ Dirigiere zur Melodie.

☐ Begleite die Melodie mit Körperklängen. Achte auf die Reihenfolge schwer – leicht – leicht.

☐ Begleite die Melodie nun mit Schlaginstrumenten oder anderen Materialien und achte wieder auf den Schwerpunkt.

☐ *Suche auf deinem Instrument Geräusche, mit denen du „schwer – leicht – leicht" spielen kannst und begleite die Melodie.*

Der 3/4-Takt: mal so und mal so

☐ Ein 3/4-Takt kann beispielsweise auch so aussehen:

oder so:

Lege mit den Karten von S. 35 und 37 auf die beiden 3/4-Taktstreifen neue Takte und klatsche sie.

☐ Schreibe vier dieser selbst erfundenen 3/4-Takte hier auf:

☐ *Komponiere zu diesen 4 Takten eine Melodie auf deinem Instrument, schreibe sie auf Notenpapier und klebe sie hier am Rand ein.*

☐ Begleite die Melodie von Hörbeispiel 31 mit folgendem, gleichbleibenden Rhythmus (**Ostinato**):

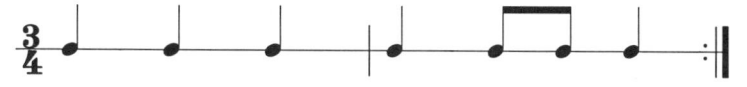

Du kannst dazu Körperinstrumente oder Schlaginstrumente verwenden.

☐ Erfinde ein eigenes Ostinato im 3/4-Takt und spiele es zur Melodie:

32 Einmal schwer und dreimal leicht

☐ Du hörst zwei verschiedene Körperklänge in einer bestimmten Reihenfolge. Zum Beispiel: stampfen – klatschen – klatschen – klatschen.
Hast du die Körperklänge erkannt? Schreibe deine eigenen Klangfolgen auf und spiele mit:

_____

_____

☐ Sicherlich hast du gehört, dass sich „schwere" und „leichte" Klänge abgewechselt haben. Höre die Beispiele nochmals an und kennzeichne die „schweren" Noten (den **Schwerpunkt**) in der folgenden Notenkette mit einem **Akzent** (>):

☐ Setze jetzt vor jeden Akzent außerdem einen **Taktstrich**.
Unser Stück steht somit im **4/4 -Takt**, das heißt, in jedem Takt sind vier Viertelnoten enthalten:

☐ Auch ein Dirigent zeigt den Schwerpunkt im 4/4 -Takt deutlich an. Übe die Bewegungsabläufe und dirigiere zum Hörbeispiel:

Dirigierbewegung:
linke Hand

Dirigierbewegung:
rechte Hand

– Klebe hier deinen Briefumschlag ein –

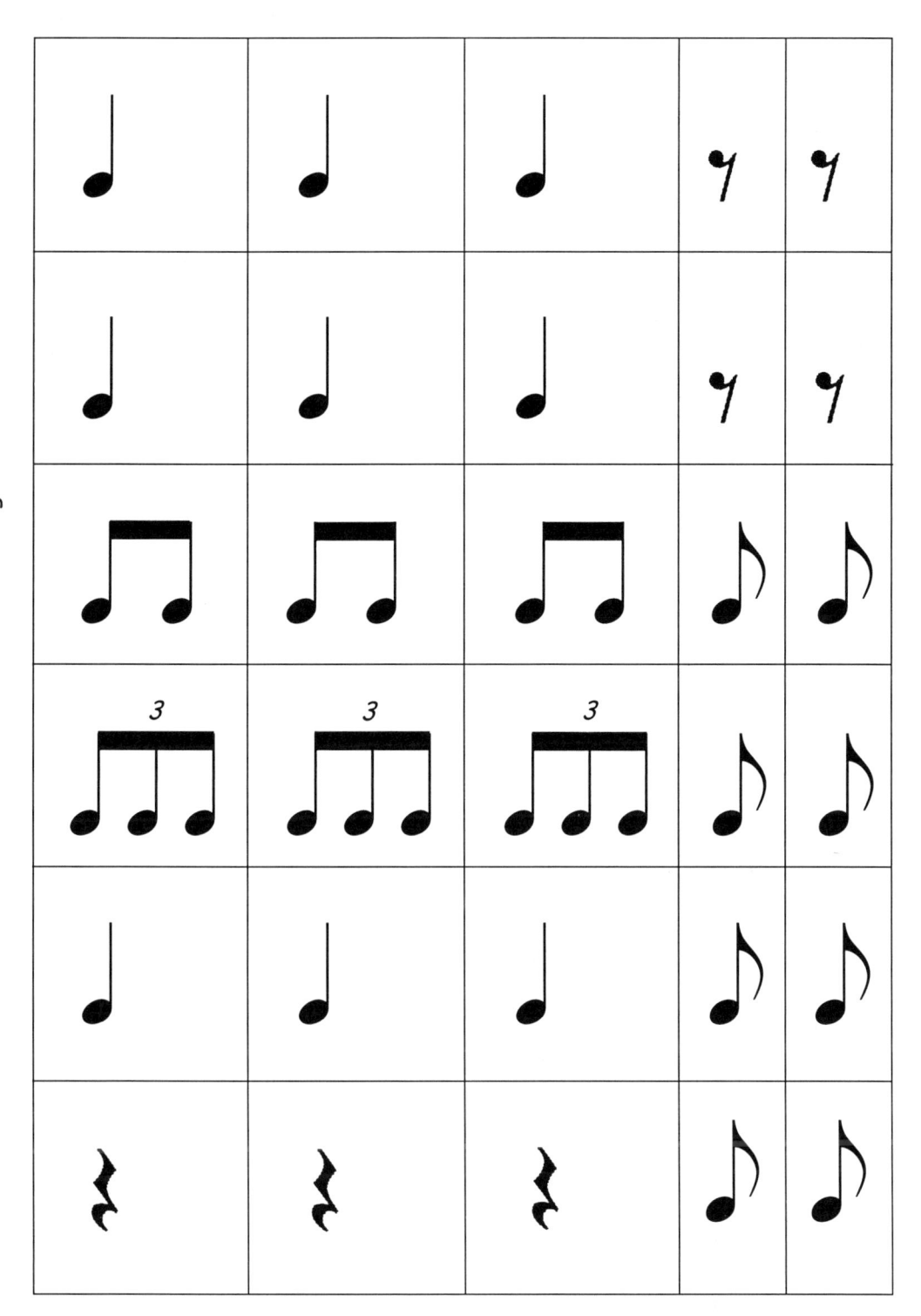

Schneide die Notenkärtchen und Taktstreifen dieser und der nächsten Seite aus, stecke sie in einen Briefumschlag und klebe ihn an die Randleiste.

© 2000 by Edition Conbrio / ECB 6047

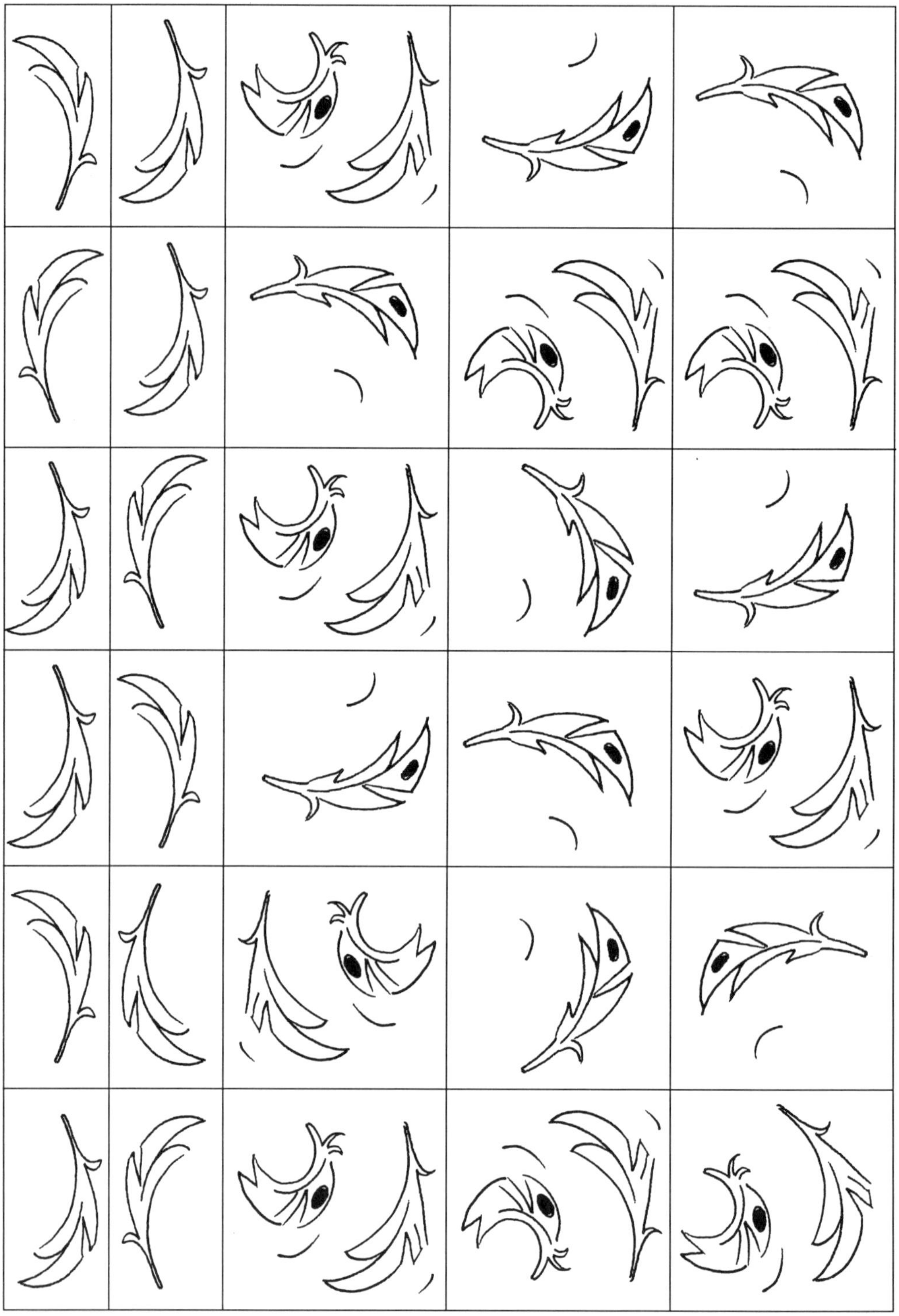

𝄽	𝄽	♩	𝄾	𝄾
♫	♫	♫	𝄾	𝄾
3/4-Taktstreifen			♪	♪
3/4-Taktstreifen			♪	♪
4/4-Taktstreifen				
4/4-Taktstreifen				

38 © 2000 by Edition Conbrio / ECB 6047

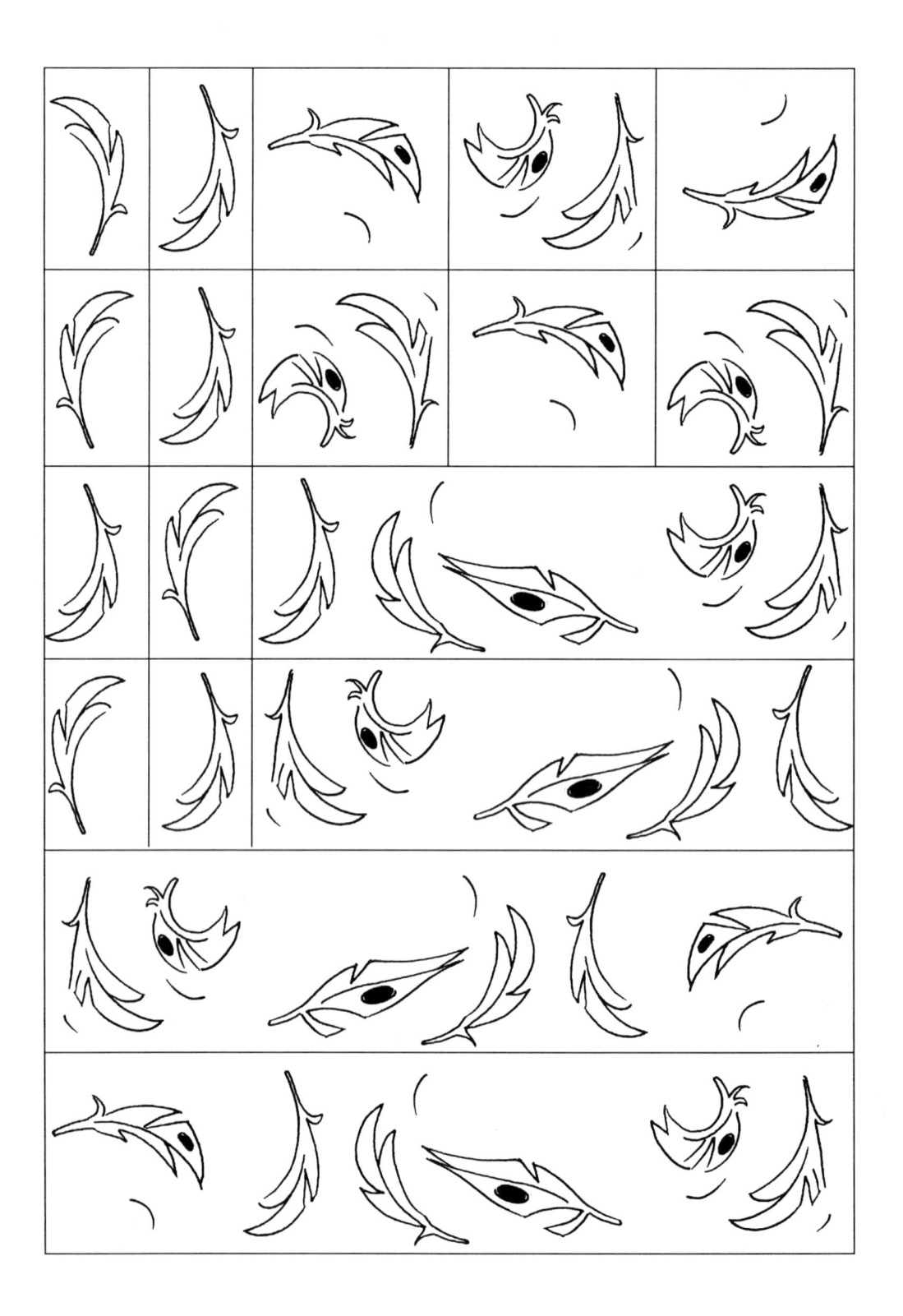

33 Eine Melodie im 4/4-Takt

☐ Dirigiere zur Melodie.

☐ Begleite die Melodie mit Körperklängen. Achte auf die Reihenfolge: schwer – leicht – leicht – leicht.

☐ Begleite die Melodie nun mit Schlaginstrumenten oder anderen Materialien und achte wieder auf den Schwerpunkt.

☐ *Suche auf deinem Instrument Geräusche, mit denen du „schwer – leicht – leicht – leicht" spielen kannst und begleite die Melodie.*

☐ Welche Gegenstände oder Instrumente hast du zu Hause benutzt?

_____

_____

Der 4/4-Takt: mal so und mal so

☐ Ein 4/4-Takt kann beispielsweise auch so aussehen:

oder so:

Lege mit den Karten von S. 35 und 37 auf die beiden 4/4-Taktstreifen neue Takte und klatsche sie.

☐ Erfinde eigene 4/4-Takte:

☐ *Komponiere zu diesen 4 Takten eine Melodie auf deinem Instrument, schreibe sie auf Notenpapier und klebe sie hier am Rand ein.*

☐ Begleite die Melodie vom Hörbeispiel 33 mit folgendem, gleichbleibenden Rhythmus (**Ostinato**):

Du kannst dazu Körperinstrumente oder Schlaginstrumente verwenden.

☐ *Erfinde ein eigenes Ostinato im 4/4-Takt und spiele es zu Hörbeispiel 33:*

34 35 Improvisation im 4/4-Takt

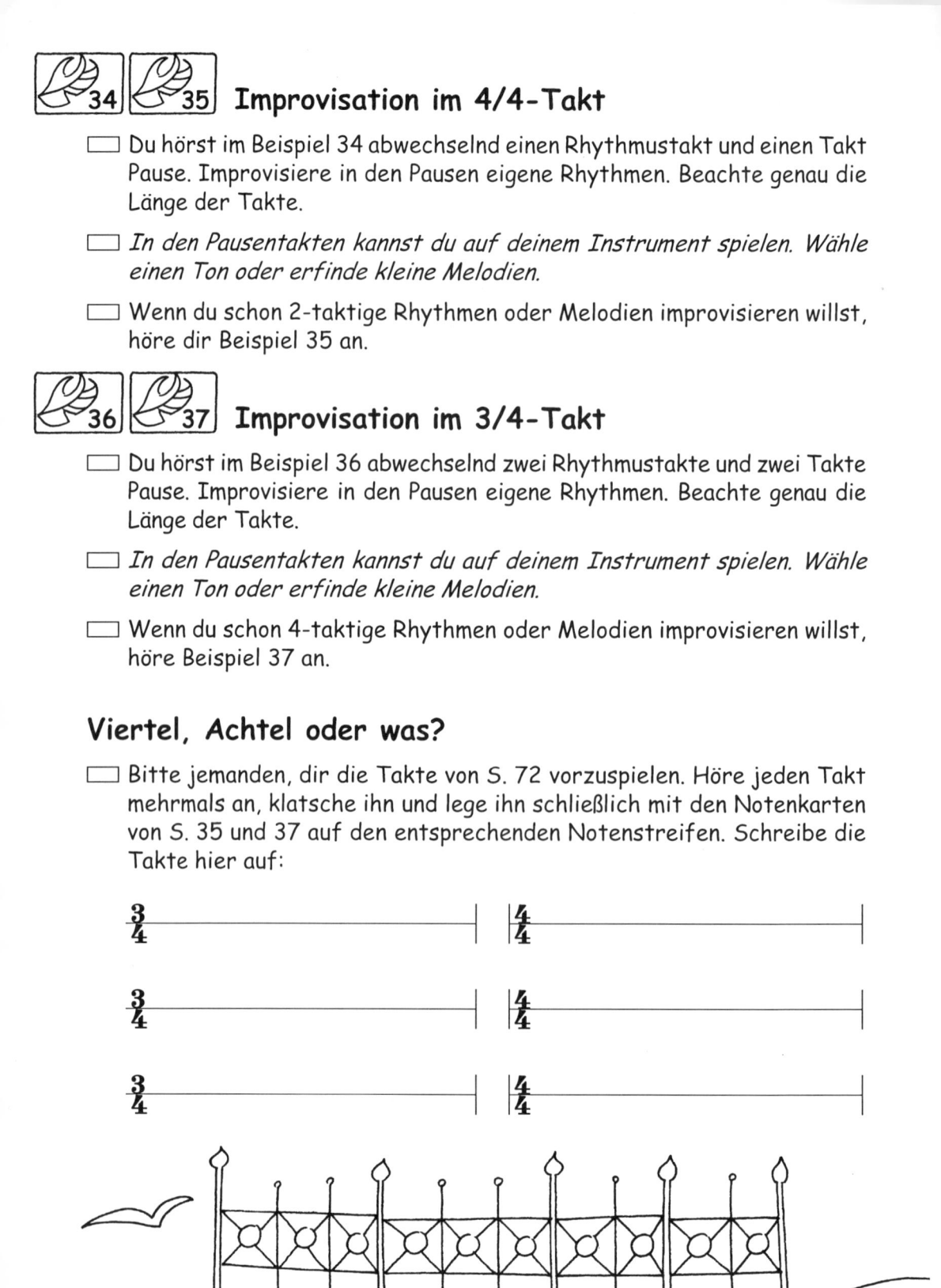

- [ ] Du hörst im Beispiel 34 abwechselnd einen Rhythmustakt und einen Takt Pause. Improvisiere in den Pausen eigene Rhythmen. Beachte genau die Länge der Takte.
- [ ] *In den Pausentakten kannst du auf deinem Instrument spielen. Wähle einen Ton oder erfinde kleine Melodien.*
- [ ] Wenn du schon 2-taktige Rhythmen oder Melodien improvisieren willst, höre dir Beispiel 35 an.

36 37 Improvisation im 3/4-Takt

- [ ] Du hörst im Beispiel 36 abwechselnd zwei Rhythmustakte und zwei Takte Pause. Improvisiere in den Pausen eigene Rhythmen. Beachte genau die Länge der Takte.
- [ ] *In den Pausentakten kannst du auf deinem Instrument spielen. Wähle einen Ton oder erfinde kleine Melodien.*
- [ ] Wenn du schon 4-taktige Rhythmen oder Melodien improvisieren willst, höre Beispiel 37 an.

Viertel, Achtel oder was?

- [ ] Bitte jemanden, dir die Takte von S. 72 vorzuspielen. Höre jeden Takt mehrmals an, klatsche ihn und lege ihn schließlich mit den Notenkarten von S. 35 und 37 auf den entsprechenden Notenstreifen. Schreibe die Takte hier auf:

38 Holper-di-stolper

☐ Klatsche zu dieser Melodie im Grundschlag und finde die Schwerpunkte heraus. Kennzeichne die betonte, „schwere" Note (Schwerpunkt) mit einem Akzent (>):

☐ In diesem Stück wechseln sich zwei Taktarten ab. Deshalb nennt man es auch einen „**Zwiefachen**". Setze die Taktstriche vor die betonten Noten.

☐ Dieser Zwiefache besteht aus dem bekannten 3/4-Takt und einer neuen Taktart, dem 2/4-Takt. Der 2/4-Takt kann beispielsweise so , so , so oder so aussehen.

☐ Begleite das Stück mit Körperklängen. Achte darauf, dass die „schwere" Betonung einen anderen Klang hat als die „leichte".

☐ Diesen „Zwiefachen" dirigiert man so:

39 Liedanfänge hören

☐ Du hörst mehrere Liedanfänge jeweils zweimal. Manche beginnen mit der schweren, betonten Note (**Volltakt**), manche mit einer leichten (**Auftakt**). Finde durch Mitklatschen und Dirigieren heraus, welche Melodien mit dem Taktschwerpunkt (**Volltakt**) und welche mit einem **Auftakt** beginnen. Kreuze in der entsprechenden Spalte an:

	Auftakt	Volltakt	Taktart
Melodieanfang 1			
Melodieanfang 2			
Melodieanfang 3			
Melodieanfang 4			
Melodieanfang 5			
Melodieanfang 6			
Melodieanfang 7			
Melodieanfang 8			

☐ Probiere einige Lieder oder Musikstücke, die du singen oder auf deinem Instrument spielen kannst. Beginnen sie mit Auftakt oder Volltakt? Hier kannst du sie eintragen:

Titel	Auftakt	Volltakt

🎧40 🎧41 Taktarten hören

☐ Höre die Melodie von Beispiel 40 mehrmals an. Klatsche, dirigiere und deute die Noten mit. Setze jeweils einen Akzent auf die Schwerpunkte und trage Taktstriche und Taktart ein:

☐ Höre die Melodie von Beispiel 41 mehrmals an. Klatsche, dirigiere und deute die Noten mit. Setze jeweils einen Akzent auf die Schwerpunkte und trage Taktstriche und Taktart ein:

☐ Höre die Lieder von Beispiel 39 noch einmal an, finde durch Mitklatschen und Dirigieren deren Taktart heraus und trage sie in die Spalte „Taktart" auf S. 41 ein.

Takte ergänzen

☐ In den folgenden kleinen Rhythmusstücken fehlt etwas. Ergänze Noten oder Pausen, klatsche und spiele die Stücke auf einem Instrument.

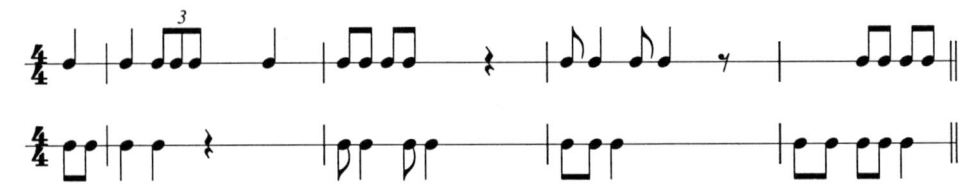

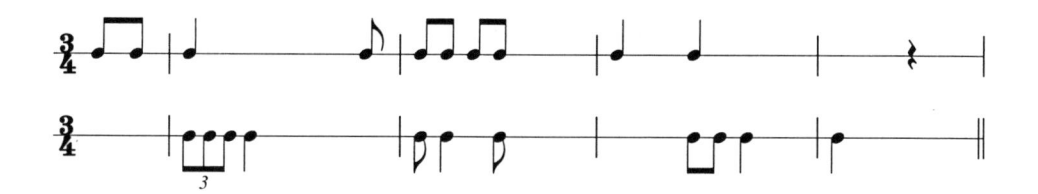

Nun lass dich in eine fremde Welt entführen.
Ein langer Flug steht uns bevor.

China

42 Chinesische Melodie

☐ Höre die Melodie an und klatsche zu jedem Ton. Bei langen Tönen führst du die Hände nach dem Anfangsklatscher nach oben und beschreibst einen Kreis nach außen. Hörst du eine Pause, verneigst du dich mit vor dem Oberkörper gekreuzten Armen.

☐ Du hast jetzt diesen Rhythmus geklatscht:

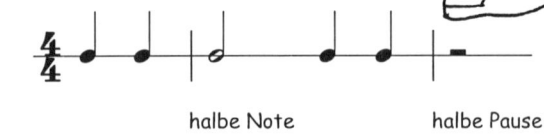

halbe Note   halbe Pause

Höre die Melodie noch einmal an und zeige die Noten und Pausen mit:

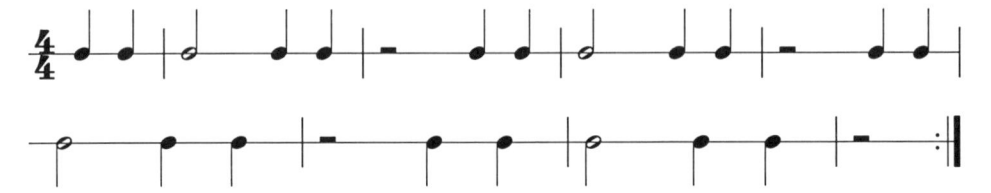

43 Drei Chinesen ...

☐ Begleite das Hörbeispiel mit folgendem Ostinato:

Deute die Länge der halben Note wieder durch das Armkreisen an. Wenn du die Begleitung sicher kannst, singe das Lied mit. Probiere es auch ohne CD.

44 Filli di Lickin (Fülle die Lücken)

☐ Höre die folgenden Rhythmen an und trage die fehlenden Pausen- und Notenwerte ein. Jede Zeile erklingt dreimal, dann folgt ein Pausentakt.

45 Filli di Lickin (Kurzfassung)

☐ Alle Lücken von Hörbeispiel 44 sind gefüllt, das Stück ist fertig. Spiele es auf Körper oder Schlaginstrumenten zu Hörbeispiel 45. Vorsicht: jede Zeile erklingt jetzt nur einmal.

Rhythmusspielereien

☐ Spiele auf einem Schlag- oder Geräuschinstrument:

☐ Spiele jetzt diesen Rhythmus:

Du kannst ihn auch auf zwei verschieden hohe Töne oder Geräusche aufteilen, z.B.:

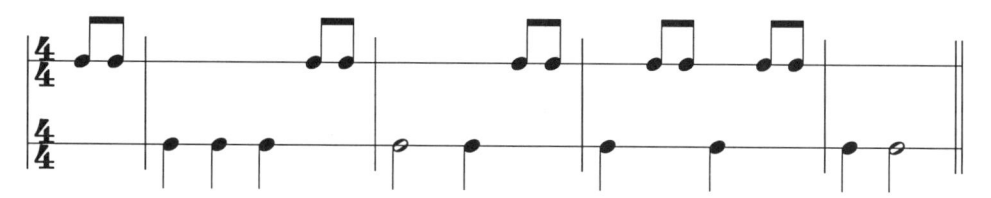

Schreibe deine eigene Idee auf:

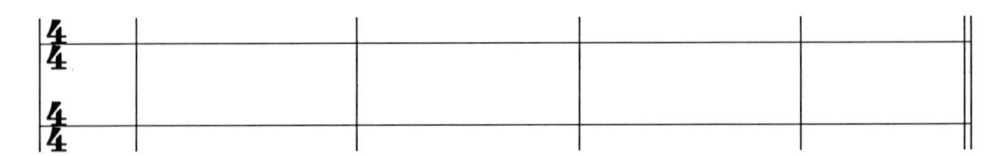

☐ Und jetzt im 3/4-Takt:
Spiele auf einem Schlag- oder Geräuschinstrument:

☐ Spiele jetzt diesen Rhythmus:

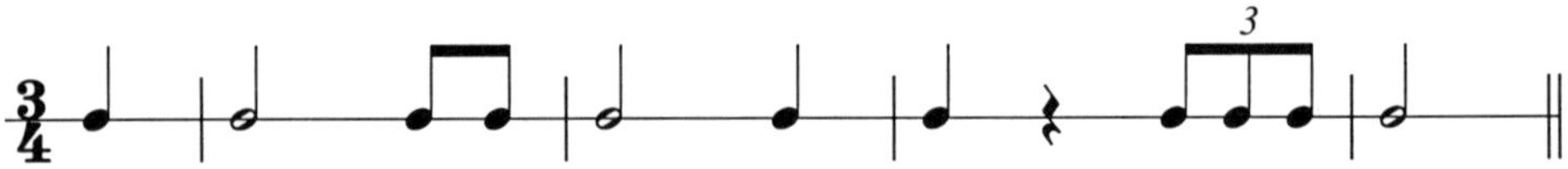

Du kannst ihn auch auf zwei verschieden hohe Töne oder Geräusche aufteilen, z.B.:

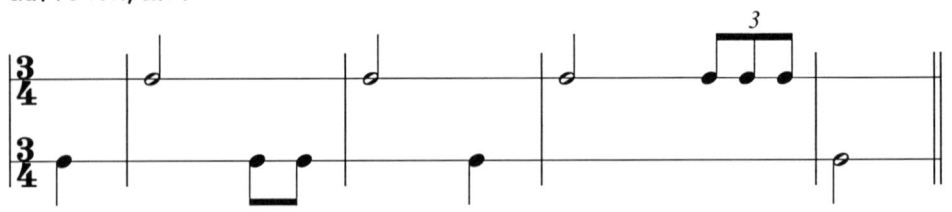

Schreibe deine eigene Idee auf:

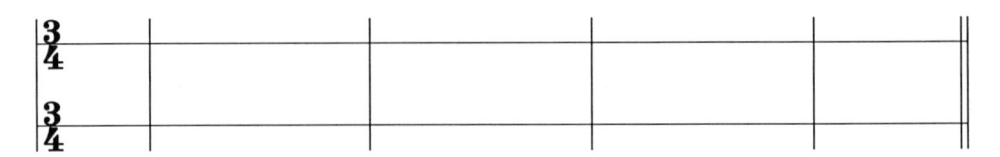

46 Gongspiel 1

☐ Höre diese Klänge an, imitiere sie mit deiner Stimme und lies die Noten mit. Klatsche dazu und unterstütze den langen Ton (**punktierte halbe Note**) wieder mit der großen, kreisenden Armbewegung, die du von Hörbeispiel 42 schon kennst.

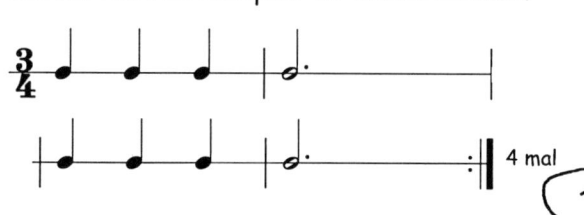

4 mal

☐ Du hörst die 1. Stimme auf der CD. Deine 2. Stimme folgt der ersten wie ein Echo, jeweils um einen Takt verschoben. Sie beginnt also mit einer **ganzen Pause**. Das Musikstück erklingt viermal. Klatsche oder sprich deine 2. Stimme dazu, lies die Noten mit.

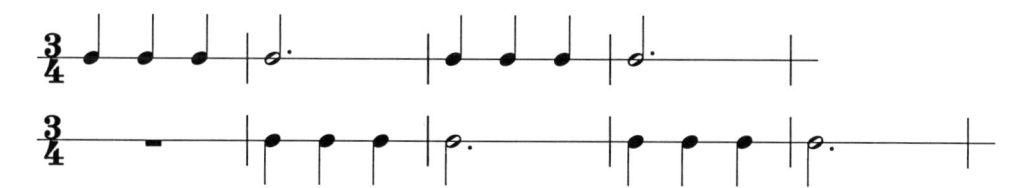

47 Gongspiel 2

☐ Auf die gleiche Weise kannst du mit folgenden Beispielen verfahren.

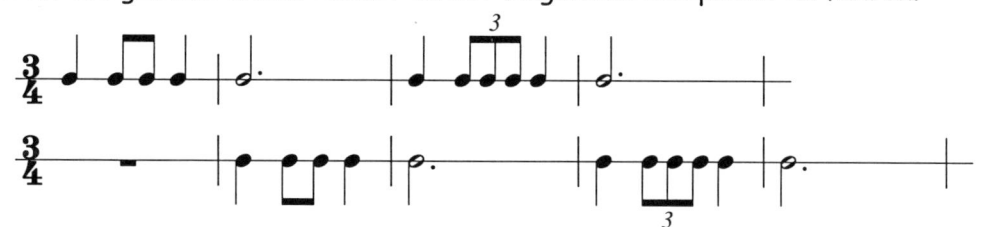

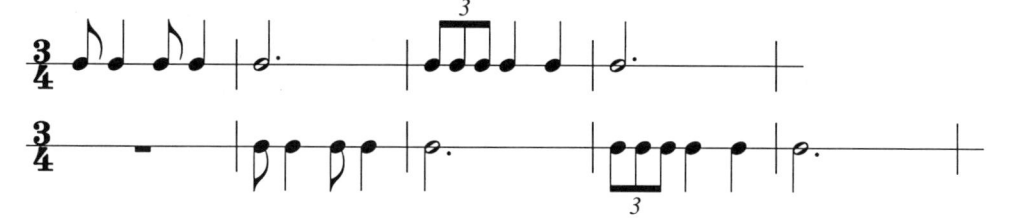

48 Gongspiel 3

49 Versteinern

☐ Warte 6 Einzählschläge ab und bewege dich dann zur Musik. Bleibe in den Pausen wie versteinert stehen. Halte die **ganze Pause im 3/4-Takt** genau ein. Das Notenbild sieht so aus:

50 Lange Töne und lange Pausen

☐ Warte 4 Einzählschläge ab, gehe im Grundschlag zur Musik und summe dabei einen Ton, der jeweils einen Takt lang klingt (**ganze Note**). Ändere bei jedem Takt die Tonhöhe.

☐ Im folgenden Notenbild kannst du jetzt erkennen, in welchem Takt du zu Hörbeispiel 50 eine **ganze Note** mitsummen oder eine **ganze Pause** schweigen sollst.

Nach den vielen meditativen Klängen sind wir jetzt Feuer und Flamme für ...

Mexiko

51 Olé

☐ Du hörst jede der folgenden Textzeilen auf der CD viermal. Sprich mit:

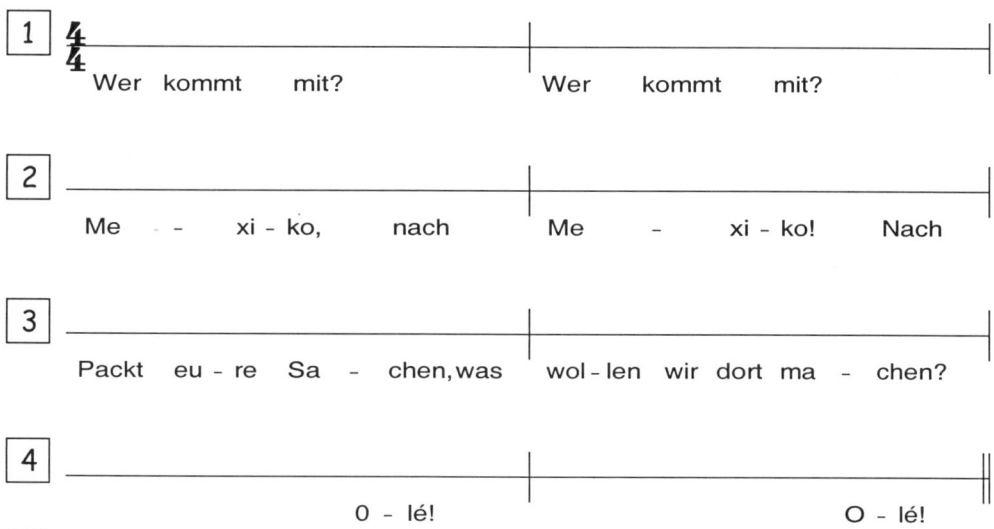

1 | $\frac{4}{4}$ Wer kommt mit? | Wer kommt mit?

2 | Me - xi - ko, nach | Me - xi - ko! Nach

3 | Packt eu - re Sa - chen, was | wol - len wir dort ma - chen?

4 | O - lé! | O - lé!

52 Nach Mexiko!

☐ Sprich die zweite Zeile „Nach Mexiko ..." mit. Lass dich nicht von den anderen Texten stören.

☐ Wähle anstelle des Sprechens Körperinstrumente aus und spiele die „Mexiko"-Zeile mit. Schreibe deine Körperinstrumente hier auf:

53 Suchbild 1

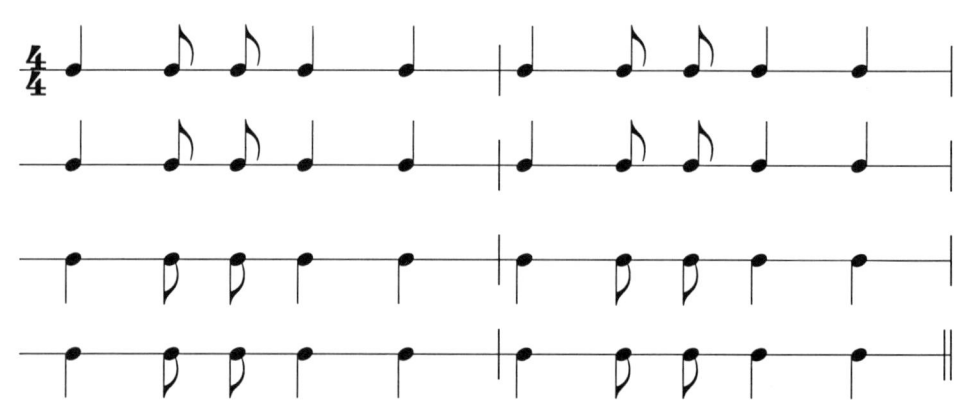

☐ Höre dir das Beispiel 53 genau an. Es erklingt zweimal hintereinander. Deute die Noten im Suchbild oben mit. Du bemerkst, dass an manchen Stellen das Notenbild noch nicht stimmt. Manchmal sind zwei Töne miteinander verschmolzen. Verbinde beim nächsten Hören die beiden betreffenden Noten mit einem Bogen: ♩ ♪ (Haltebogen)

☐ Spiele jetzt auf einem Schlag- oder Körperinstrument die Rhythmen so, wie du sie im Notenbild verbessert hast und auf der CD hörst.

54 Suchbild 2

☐ Jetzt hörst du eine kleine Melodie. Auch hier fehlen einige Haltebögen im Suchbild. Trage sie ein. Die Melodie erklingt zweimal.

Mach mal einen Punkt

☐ Anstelle von ♩ ♪ schreibt man häufig so: ♩. (punktierte Viertelnote)

Dann sieht der Takt

so aus:

50

© 2000 by Edition Conbrio / ECB 6047

Spiele folgendes Ostinato auf verschiedenen Körperinstrumenten:

wisch   klatsch   klatsch   schnalz

Schreibe deine eigenen Ideen hier auf:

_____

☐ Erinnere dich an den Spruch „Mexiko..." aus Hörbeispiel 52. Jetzt kennst du sein Notenbild:

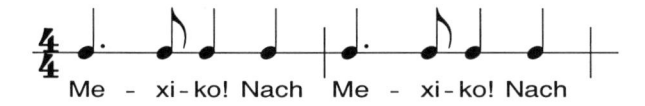

Me - xi - ko! Nach   Me - xi - ko! Nach

Wähle ein passendes Schlaginstrument aus und spiele dieses Ostinato zu Hörbeispiel 52.

☐ Nachdem du nun auch die punktierte Viertel kennst, kannst du alle Noten- und Pausenwerte zum Hörbeispiel 51 auf S. 49 eintragen.

Der springende Punkt

☐ Die punktierte Viertelnote kann an verschiedenen Stellen im Takt stehen:

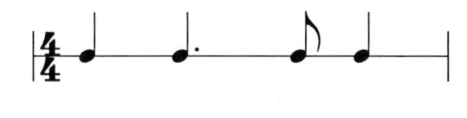

Wähle einen dieser Takte als Ostinato aus, überlege dir einen passenden Text und sprich ihn zum Hörbeispiel 52. Schreibe einige deiner Takte und Texte hier auf:

4/4 _____

Text: _____

55 Mexican Waltz

1 Wer kommt mit? Wer kommt mit?

2 Me - xi - ko! Me - xi - ko!

3 Packt eu - re Sa - chen! Packt eu - re Sa - chen!

4 - lé! O - lé! O -

☐ Höre das Beispiel 55 an. Den Text kennst du bereits und doch klingt er im 3/4-Takt ganz anders.

☐ Wähle eine Zeile aus und sprich sie als Ostinato zum Hörbeispiel 55.

☐ Sprich den ganzen Text im Kanon dazu. Setze einmal mit der 2., der 3. und auch einmal mit der 4. Stimme ein.

☐ Erfinde zu folgenden Ostinati eigene Texte und sprich sie als 5. Stimme dazu:

Deine Takte und Texte:

3/4 _____

Text: _____

3/4 _____

Text: _____

52 © 2000 by Edition Conbrio / ECB 6047

56 Lückentext

☐ Du hörst jede Zeile dreimal auf der CD. Trage die fehlenden Noten oder Pausen ein:

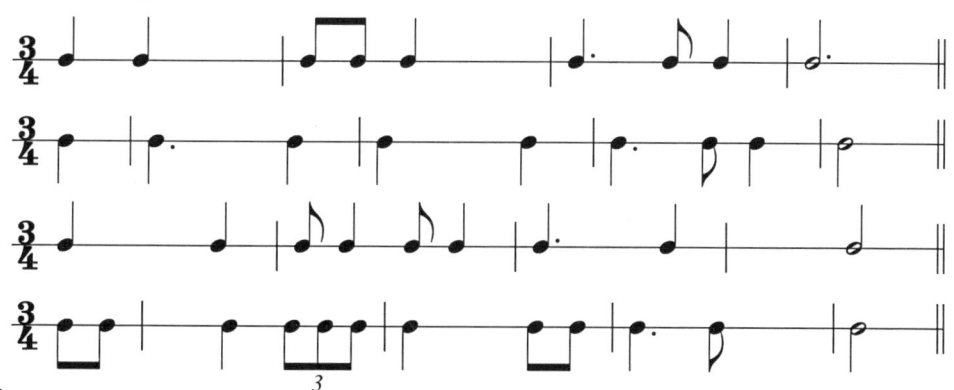

57 Fiesta rhythmicana im 3/4-Takt

☐ Wir feiern ein Fest mit allen Rhythmen, die du bisher kennen gelernt hast. Klatsche in den Pausen die Rhythmen wie ein Echo nach. Du kannst die Noten mitlesen oder nur das Gehörte nachklatschen.

☐ Wähle Körper- oder Schlaginstrumente und spiele das Echo darauf.

☐ Lege dir viele Schlag- oder Geräuschinstrumente bereit und spiele jedes Echo auf einem anderen.

© 2000 by Edition Conbrio / ECB 6047

58 Fiesta rhythmicana im 4/4-Takt

- ☐ Wir feiern ein Fest mit allen Rhythmen, die du bisher kennen gelernt hast. Klatsche in den Pausen die Rhythmen wie ein Echo nach. Du kannst die Noten mitlesen oder nur das Gehörte nachklatschen.
- ☐ Wähle Körper- oder Schlaginstrumente und spiele das Echo darauf.
- ☐ Lege dir viele Schlag- oder Geräuschinstrumente bereit und spiele jedes Echo auf einem anderen.

Schottland

59 Schottischer Tanz

☐ Zu diesem Stück passt folgende Bewegung: Du hörst zwei lange Töne und einen Achtelauftakt der Flöte. Beginne dann mit einem Schritt nach rechts und klatsche zweimal in die Hände. Jetzt stellst du das linke Bein an das rechte ran und klatscht wieder zweimal:

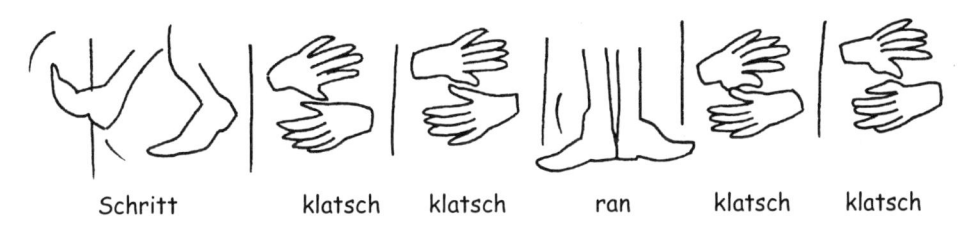

| Schritt | klatsch | klatsch | ran | klatsch | klatsch |

Achte darauf, dass alle Schritte und Klatscher gleich lang sind. Das gleiche Schrittmuster kannst du auch nach links beginnen. Wechsle die Richtung nach jeweils vier Seitanstellschritten.

60 Schottischer Tanz mit Pausen

☐ Begleite die Musik mit passenden Klanggesten, z.B.:

| patsch | klatsch | klatsch | schnalz | klatsch | klatsch ... |

Spiele immer weiter, auch wenn in der Musik Pausen zu hören sind.

☐ Suche andere Klanggesten und schreibe deine Ideen auf:

61 Grandpapa/Grandmama oder Opapa/Omama

☐ Höre gut zu und sprich in den Pausen nach.

☐ Schneide die Text- und Notenkarten von S. 57 oben aus. Lege zunächst die Textkarten in der Reihenfolge von Hörbeispiel 61 untereinander, dann die passenden Notenkarten rechts daneben.

☐ Sprich den Text und klatsche dazu. Lege dann die Textkarten weg und klatsche nur noch die Noten. Wenn du das Hörbeispiel 61 mitlaufen lässt, dann klatsche jede Notenkarte zweimal.

☐ Du hast eine neue Taktart kennengelernt, den **6/8-Takt**:

Man dirigiert ihn so:

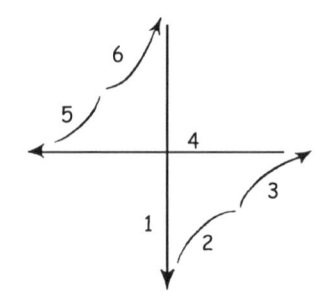

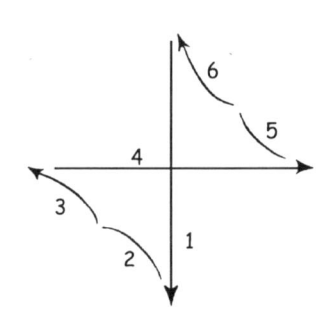

Dirigiere zu Hörbeispiel 59. Achte auf den Achtelauftakt am Anfang.

☐ Der 6/8-Takt kann beispielsweise auch so aussehen:

Erfinde weitere 6/8-Takte und schreibe die Noten auf:

6/8

6/8

☐ Wähle einen deiner Takte aus und spiele ihn auf Körper- oder Schlaginstrumenten als Ostinato zum schottischen Tanz Nr. 59.

Schneide die Rhythmus- und Textkarten zu Hörbeispiel 61 aus und klebe einen Briefumschlag dafür ein.

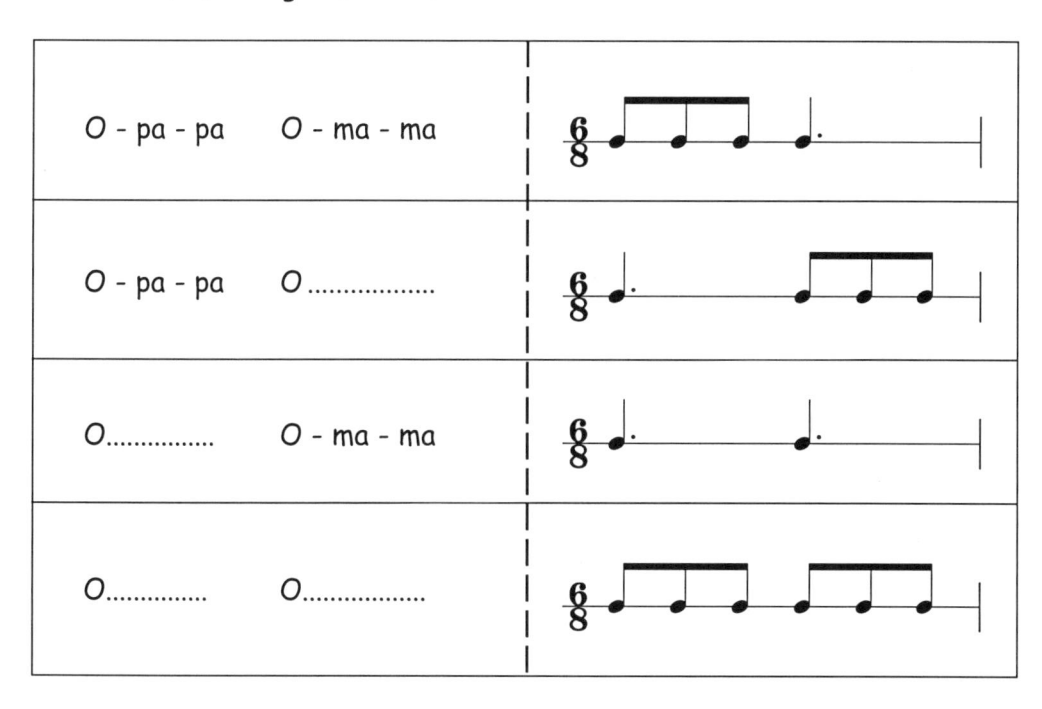

Text	Rhythmus
O - pa - pa O - ma - ma	6/8 ♪♪♪ ♩.
O - pa - pa O..............	6/8 ♩. ♪♪♪
O.............. O - ma - ma	6/8 ♩. ♩.
O.............. O..............	6/8 ♪♪♪ ♪♪♪

– Klebe hier deinen Briefumschlag ein –

Schneide die Rhythmus- und Textkarten zu Hörbeispiel 62 aus und lege sie in den Briefumschlag.

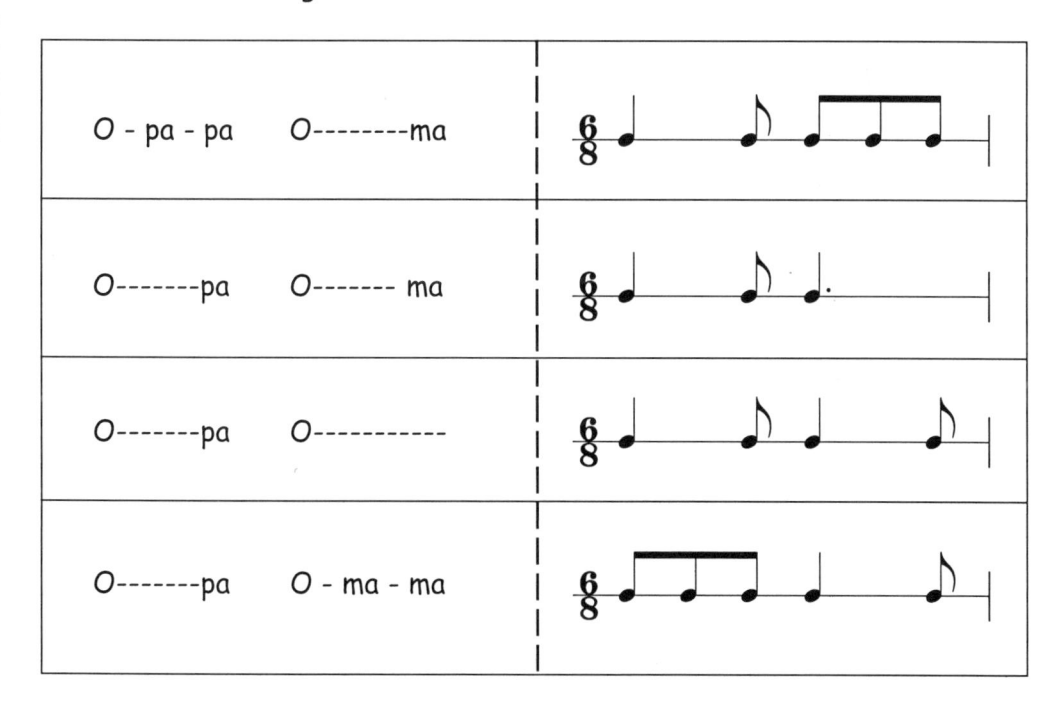

Text	Rhythmus
O - pa - pa O--------ma	6/8 ♩ ♪ ♪♪♪
O-------pa O------- ma	6/8 ♩ ♪ ♩.
O-------pa O-----------	6/8 ♩ ♪ ♩ ♪
O-------pa O - ma - ma	6/8 ♪♪♪ ♩ ♪

(Rückseite der Rhythmuskarten)

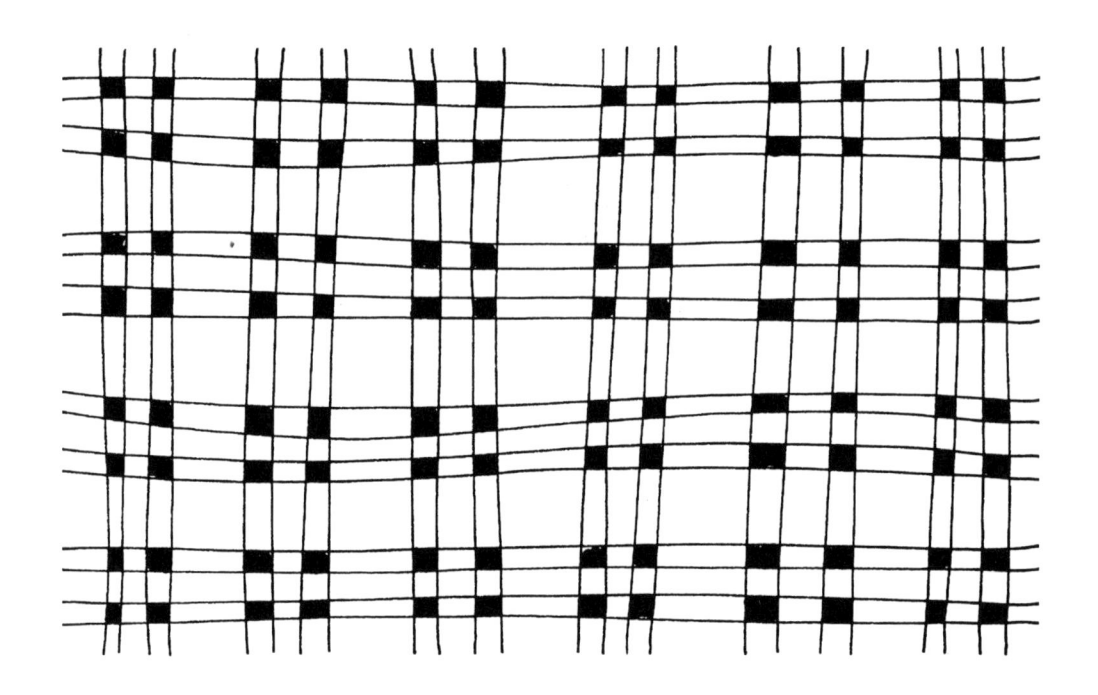

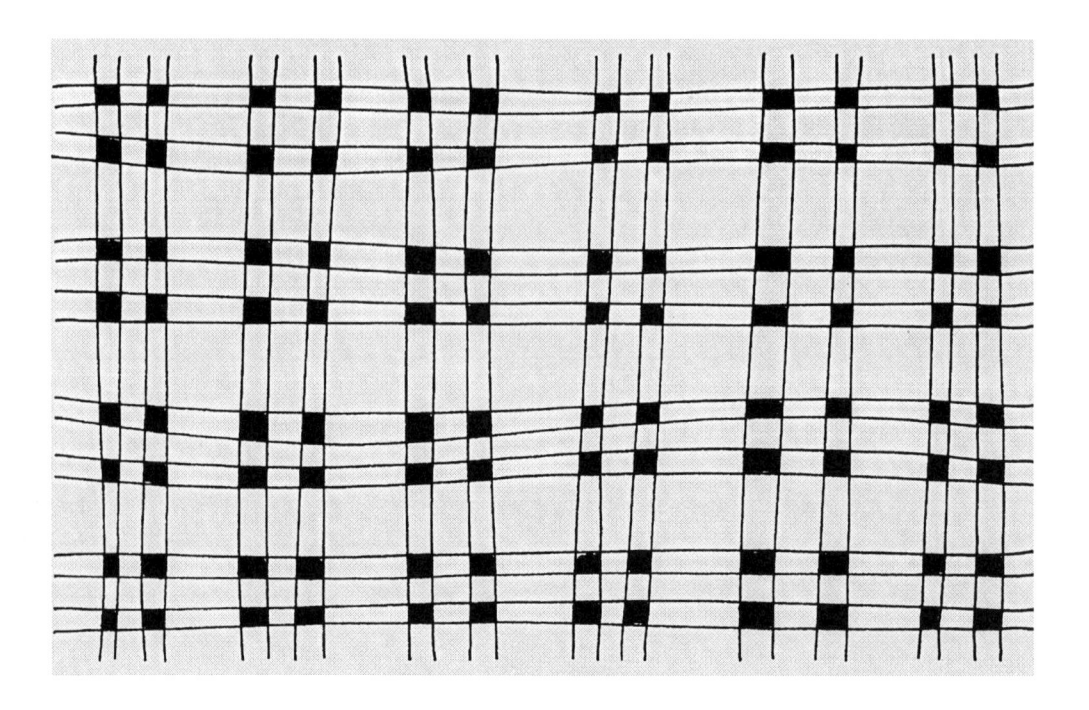

58 © 2000 by Edition Conbrio / ECB 6047

62 Noch mehr Großeltern

- ☐ Höre gut zu und sprich in den Pausen nach.
- ☐ Schneide die Text- und Notenkarten von S. 57 unten aus. Lege zunächst die Textkarten in der Reihenfolge von Hörbeispiel 62 untereinander, dann die passenden Notenkarten rechts daneben.
- ☐ Sprich den Text und klatsche dazu. Lege dann die Textkarten weg und klatsche nur noch die Noten. Wenn du das Hörbeispiel 62 mitlaufen lässt, klatsche jede Notenkarte zweimal.

Komponieren

- ☐ Erfinde mit den acht Textkarten ein neues Sprechstück. Lege dazu alle Karten in einer neuen Reihenfolge untereinander. Suche die passenden Rhythmuskarten und lege sie jeweils rechts daneben. Sprich und klatsche jetzt dein neues Rhythmusstück.
- ☐ Du kannst alle Karten wie eine Schlange hintereinander legen und dann jeweils sprechen oder klatschen.
- ☐ *Lege die Rhythmuskarten zu einem neuen Stück und erfinde dazu eine Melodie auf deinem Instrument. Schreibe sie auf und klebe das Notenblatt hier ein.*

63 Sortieren

- ☐ Du hörst die folgenden 6/8-Takte je zweimal – immer mit 6 Einzählern. Achte auf die Reihenfolge, in der sie erklingen, und nummeriere die Takte entsprechend.

© 2000 by Edition Conbrio / ECB 6047

Wie schön, dass wir alle dich auf deiner Reise durch die Rhythmen kennen lernen und begleiten durften. Jetzt passt niemand mehr in unser Flugzeug.

1 Erinnerungsfotos

Jetzt bist du am Ziel. Höre die Reiseroute (Hörbeispiel 1) nochmals an und erinnere dich an die einzelnen Länder:

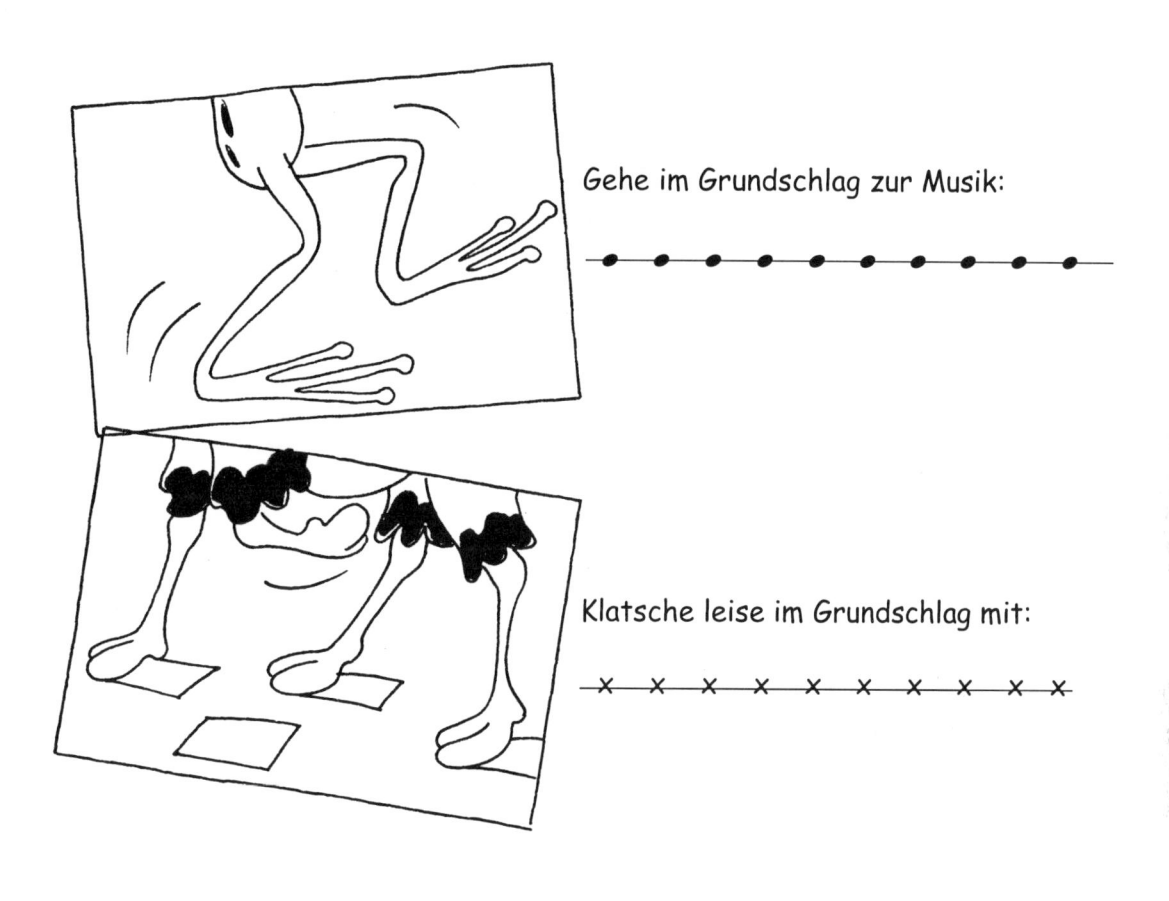

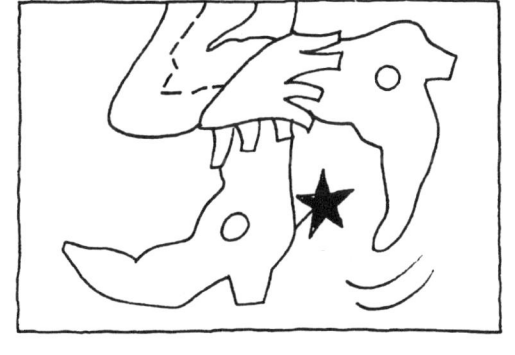

Gehe im Grundschlag zur Musik:

• • • • • • • • • • • •

Klatsche leise im Grundschlag mit:

x x x x x x x x x x x

Bewege dich zu den Akzenten auf besondere Weise:

✓ . . . ✓ . . .

Spiele das Echo:

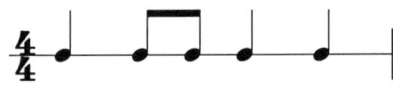

Bewege dich mit lauten und lautlosen Schritten:

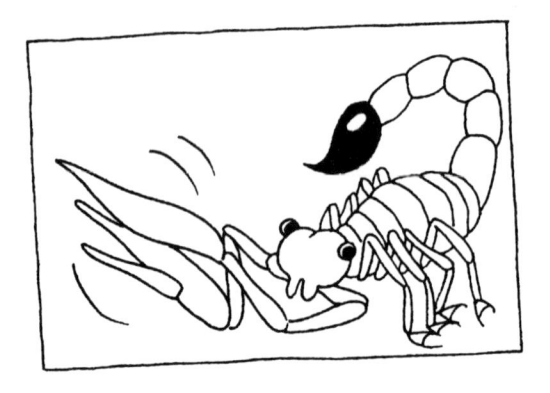

Klatsche das Ostinato zur Musik:

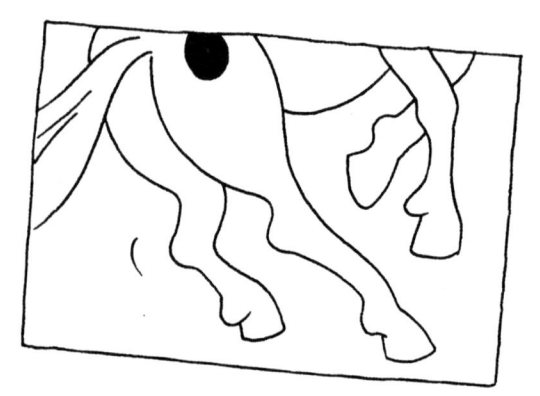

Dirigiere den Zwiefachen mit:

Klatsche die Noten und versteinere in den Pausen:

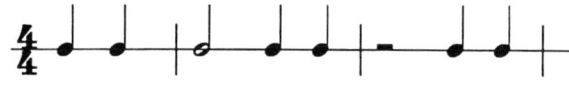

Sprich und klatsche „Mexiko" als Ostinato mit:

Me - xi - ko! Nach

Tanze und klatsche dazu:

Lehrerkommentar zum Globetrotter
Eine Reise durch die Rhythmen

1. Reisevorbereitungen
(Was man wissen muss)

Der Globetrotter ist ein *Arbeitsbuch mit Hörbeispiel-CD*. Er besteht aus einer Sammlung von Arbeitsaufträgen, die je nach Alter, Können und Gruppengröße oder auch im Einzelunterricht variabel kombiniert werden können.

Dieser *Lehrerkommentar* enthält zu jedem Kapitel (Land) spezielle methodische und inhaltliche Hinweise. Anschließend werden – wo nötig – einzelne Hörbeispiele, Aufgaben oder deren Auflösung erklärt.

Das Zeichen ☐ *im Arbeitsheft* kann als „erledigt" abgehakt oder als Hausaufgabe angekreuzt werden.

Neue Fachbegriffe erscheinen fett gedruckt, werden jedoch nicht im Sinne einer Allgemeinen Musiklehre definiert oder ausführlich erklärt, da dies den einzelnen Lehrerinnen und Lehrern überlassen bleiben soll.

Kursiv gedruckte *Aufgaben* im Arbeitsheft beziehen sich auf tonhöhengebundene Instrumente wie Xylophon, Glockenspiel, Metallophon, mit Wasser gefüllte und gestimmte Gläser oder Flaschen, die dann mit einem Schlägel angeschlagen werden, oder andere Instrumente wie Geige, Flöte, Klavier, ...

Notenkenntnisse im Bereich *Tonhöhe* sind *nicht* erforderlich. Tauchen notierte Melodien auf, so sind diese rein rhythmisch zu lesen.

Erklingt auf der CD eine *Melodie*, soll rhythmisch dazu gespielt werden. Erklingt reiner *Rhythmus*, kann rhythmisch oder melodisch/harmonisch dazu gespielt werden.

Viele *Hörbeispiele* auf der CD beginnen mit einem *Einzähler*. Dabei werden Stücke im 4/4-Takt meist mit vier Schlägen, Stücke im 3/4-Takt mit sechs Schlägen eingezählt. Im Lehrerkommentar ist dies neben dem Titel vermerkt.

Ab dem Kapitel „Grönland" werden zur optischen Übersichtlichkeit bereits *Taktstriche* verwendet, die jedoch erst im Kapitel „Österreich" erklärt werden.

Bei der Notation von Rhythmen werden ab dem Kapitel „Grönland" die *Notenhälse nach unten und oben* geschrieben, damit sich die Schülerinnen und Schüler auch an dieses Notenbild gewöhnen.

Für Instrumentallehrerinnen und -lehrer: Alle rhythmischen Aufgaben können auch für Melodie- oder Harmonie-Instrumente *abgewandelt* werden (z.B. zu einem Rhythmus eine Melodie oder Harmoniefolge erfinden). Um *Intonationsprobleme* zu vermeiden, sollten beim Mitspielen zur CD nur die Rhythmusstücke ohne verbindliche Tonhöhe verwendet werden.

Vor einer rhythmischen Übeeinheit mit dem Globetrotter sind generell körperliche *Unabhängigkeitsübungen* oder *kinesiologische Übungen* zu empfehlen, z.B.: Werner Rizzi: Musikalische Animationen, Fidula Verlag; P. und G. Dennison: Brain Gym, Verlag für angewandte Kinesiologie.

Noch zwei praktische Hinweise für Lehrerinnen und Lehrer, die mit Musikkassetten arbeiten: im Handel sind Kurzkassetten mit 5 oder 10 Minuten Spieldauer pro Seite erhältlich, auf die man sich die für den Unterricht gerade notwendigen Stücke überspielen kann. Um die Stücke auf einer MC leichter zu finden, ist es ratsam, sich die Zählwerknummern der einzelnen Stücke im Inhaltsverzeichnis zu notieren.

2. Reisemittel
(Wie man vorankommt)

Hinter dem Namen *Globetrotter – eine Reise durch die Rhythmen* steht die Rahmenidee, verschiedene rhythmische Phänomene auf einer Flugreise durch viele Länder kennen zu lernen und zu üben.

Rhythmus wird im Körper erlebt:
Wann immer es möglich ist, sollte das Gehen oder Bewegen zur Musik, das „Mitswingen" im Stehen oder Sitzen, das innere Mitpulsieren beim Hören und Wiedergeben von Rhythmen durch die Lehrerin bzw. den Lehrer angeregt werden.

Rhythmus wird durch Hören und Imitieren erfasst:
Je animierender und aktiver Lehrerinnen und Lehrer in Bewegung, Mimik und Gestik rhythmisch agieren, desto leichter gelingt es den Schülern dies zu imitieren und allmählich das eigene rhythmische Empfinden aufzubauen.

Rhythmus wird geübt:
Durch häufiges Wiederholen auf einen längeren Zeitraum verteilt kann ein rhythmisches Empfinden entwickelt werden. Nicht das Wissen und kognitive Erklären rhythmischer Phänomene, sondern der handelnde Umgang damit (Sprechen, Klatschen, Spiel auf Geräusch- oder Musikinstrumenten ...) muss lange im Vordergrund stehen. Hilfreich ist die Verwendung von Rhythmussprachen, z.B. nach Zoltán Kodály s. S. 2.

Rhythmus wird bewusst gemacht:
Nach dem körperlichen Erfassen und Empfinden von Grundschlag und Rhythmen tritt zur Verdeutlichung das Lesen und Schreiben der jeweiligen Noten hinzu.

Die Reise durch die Rhythmen geht also folgenden methodischen Weg: Erleben - Hören - Üben - Bewusstmachen

3. Reiseroute
(Was erlebt wird)

Der Globetrotter schlägt folgenden inhaltlichen Weg vor:
- Grundschlag über Bewegung und Hören: *Deutschland*, *Peru*, Hörbeispiel 2-9, S. 8-13
- Vierer-, Dreier- und Zweier-Akzente als Vorbereitung der Taktarten: *USA*, Hörbeispiel 10/11, S. 14-15
- Achtel- (♫) und Viertelnoten im 3/4- und 4/4-Takt: *Grönland*, Hörbeispiel 12-17, S. 16-21
- Viertelpause im 3/4- und 4/4-Takt: *Schweiz*, Hörbeispiel 18-22, S. 22-26
- Achtelnote (♪), Achtelpause, Viertelsynkope, Achteltriole: *Spanien*, 23-29, S. 27-31
- Taktschwerpunkt, 3/4- und 4/4-Takt, Auftakt: *Österreich*, Hörbeispiel 30-41, S. 32-43
- halbe Note und Pause, ganze Note und Pause im 3/4- und 4/4-Takt: *China*, Hörbeispiel 42-50, S. 44-48
- punktierte Viertelnote im 3/4- und 4/4-Takt: *Mexiko*, Hörbeispiel 51-58, S. 49-54
- 6/8-Takt: *Schottland*, Hörbeispiel 59-63, S. 55-60
- Wiederholung aller Lerninhalte: Reiseroute (Erinnerungsfotos), Hörbeispiel 1, S. 61-63

4. Zu den einzelnen Ländern
Weitere Informationen zu den Aufgaben im Arbeitsheft:

1 Reiseroute (Zeitdauer: 3'40")
Das erste Hörbeispiel soll neugierig machen auf alles, was noch kommt. Dem Hören kann sich ein Gespräch anschließen über Sinn und Zweck dieses Rhythmuslehrgangs und über seine Inhalte. Das Arbeitsheft kann genauer betrachtet werden.

Deutschland

Um rhythmisch arbeiten zu können, ist ein möglichst sicheres Grundschlagempfinden (timing) Voraussetzung.

2 Eines ist gemeinsam
(Zeitdauer: 2'52"; Einzähler: 4 Schläge)
Dieses Hörbeispiel hat die Form A-B1-A-B2-A-B3-A-B4. In B1 sind noch keine zusätzlichen Geräusche zu hören. In B2 klingen folgende Geräusche: Auto, Bremsen, Crash, Pfiff, Hundegebell. Eine Geschichte lässt sich leicht dazu erfinden. Die Geräuschgeschichten regen dazu an, das Klangbeispiel oft zu hören und sich dazu zu bewegen. Grundschlag wird hier verstanden als gleichmäßiger Puls der Musik, noch ohne bewusste Betonungen (Metrum).

3 Und nun?
(Zeitdauer: 3'06"; Einzähler: 4 Schläge)
Im Musikstück wechselt das Tempo mehrmals und damit auch der Grundschlag.

Weitere Grundschlagübungen für die Gruppe:
- Ein Seil wird an den Enden verknotet. Die Gruppe steht im Kreis. Jeder umfasst das Seil mit beiden Händen und gibt es mit einer Hand im Grundschlag weiter. Die andere Hand lässt das Seil durchgleiten. Bei jedem neuen musikalischen Abschnitt wechselt die Richtung.
- Die Gruppe steht im Kreis. Jeder hält in seiner rechten Hand einen kleinen Gegenstand (z.B. einen Stein). Die linke Hand ist bereit, etwas aufzunehmen. Man legt auf Schlag 1 den Gegenstand in die fremde linke Hand und nimmt auf Schlag 2 den neuen Gegenstand aus der eigenen linken Hand in die rechte Hand, legt auf Schlag 3 wieder beim rechten Nachbarn ab, usw. (Auch in die andere Richtung möglich!)
- Der Grundschlag macht die Runde. Jeder klatscht nur einen Schlag.

Peru

Die nächsten Aufgaben erschweren das Durchhalten des Grundschlages durch Pausen und Rhythmisierung.

4 Melodie zum Träumen (Zeitdauer: 45")
Um sich besser in die Musik einfinden zu können, soll die Melodie erst ohne weitere Aktionen konzentriert gehört werden.

5 Melodie mit Löchern (Zeitdauer: 1'20")
Die Melodie erklingt erst ohne Pausen (Löcher), im direkten Anschluss dann mit Pausen. Bei dieser Übungseinheit geht es noch nicht um das bewusste Kennenlernen der Pausen, sondern um das Weiterempfinden des Grundschlages, auch wenn die Musik aussetzt.

6 Melodie mit Variationen (Zeitdauer: 1'15")
Die Melodie ist nun rhythmisiert, trotzdem wird der Grundschlag durchgehalten.

7 Durchhalten (Zeitdauer: 1'52")
Im Musikstück setzen nacheinander folgende Instrumente ein: Bongos, Claves, Vibraslap, Agogo Bell, Schellenreif, 2 Toms, Timbales, kleine Trommel (snare drum). Trotz der klar wechselnden Rhythmen soll der Grundschlag wieder durchgehalten werden.

8 Popcorn (44"; Einzähler: 8 Schläge)
9 Eis (34"; Einzähler: 6 Schläge)
Rhythmisiertes Sprechen stellt eine große Lernhilfe in der Rhythmusarbeit dar. Die folgenden Texte helfen, das Grundschlagempfinden in Dreier- und Vierereinheiten zu erlernen und unterstützen das metrische Empfinden (genaueres siehe Kapitel Österreich). Auch hier geht es noch nicht um das Erlernen der Viertelpause, sondern weiterhin um das Durchhalten des Grundschlags. Siehe auch folgende Lieder zu diesem Weglass-Spiel.

Mein Hut, der hat drei Ecken (mündlich überliefert)

Mein Hut der hat drei E-cken, drei E-cken hat mein Hut, und hätt er nicht drei E-cken, dann wär's auch nicht mein Hut.

Bei jeder Wiederholung des Liedes wird ein weiteres Wort durch eine Geste ersetzt:
Mein: auf sich deuten
Hut: Hände als Dach über den Kopf halten
drei: mit den Fingern „drei" zeigen
Ecken: mit einer Hand auf den anderen Ellenbogen deuten
nicht: den Kopf vehement schütteln

Auf der Mauer, auf der Lauer (volkstümlich)

Auf der Mau-er, auf der Lau-er sitzt 'ne klei-ne Wan-zen.
Auf der Mau-er, auf der Lau-er sitzt 'ne klei-ne Wan-zen.
Schaut euch nur die Wan-zen an, wie die Wan-zen tan-zen kann!
Auf der Mau-er, auf der Lau-er sitzt 'ne klei-ne Wan-zen.

Mit jeder Wiederholung des Liedes wird bei den Wörtern „Wanzen" und „Tanzen" ein Buchstabe weggelassen („Wanze" statt „Wanzen", dann „Wanz", „Wan", ...)

© 2000 by Edition Conbrio / ECB 6047

Das Auto von Lucio

T.: Gerhard Schöne, M.: tradiert
© by Patmos Verlag Düsseldorf

Das Au-to von Lu-ci-o, das hat ein Loch im Rei-fen, das Au-to von Lu-ci-o, das hat ein Loch im Rei-fen. Das Au-to von Lu-ci-o, das hat ein Loch im Rei-fen und hat's ein Loch im Rei-fen, dann klebt er es zu mit Kau-gum-mi!

Bei diesem Lied kann man die Worte nach und nach mit folgenden Gesten ersetzen:
Auto: mit den Händen ein Lenkrad umfassen und lenken
Lucio: eine Kappe zum Gruß vom Kopf heben
Loch: ein Loch mit den Fingern in die Luft stechen
Reifen: mit beiden Händen umeinander kreisen (wie ein sich drehender Reifen)
Kaugummi: mit Daumen und Zeigefinger einen Kaugummi aus dem Mund ziehen und in die Luft kleben

USA

Der Grundschlag erhält nun verschiedene Akzente (Betonungen). Das Metrum wird in Bewegung geübt und optisch verdeutlicht (Einführung der Taktarten siehe Kapitel Österreich).

10 Weißt du, wann?
(2'25"; Einzähler: 8 Schläge)
Ablauf: 8 mal vier, 8 Zwischenschläge, 12 mal drei, 8 Zwischenschläge, 12 mal zwei, 8 Zwischenschläge, 8 mal vier, 8 Zwischenschläge, 12 mal zwei, 8 Zwischenschläge, 12 mal drei, 8 Zwischenschläge, 8 mal vier.
In jeder Einheit erklingt eine spezielle Klangfarbe auf der betonten Zeit.

11 Weißt du immer noch, wann?
(2'25"; Einzähler: 8 Schläge)
Auch hier geht es um die Akzente in Vierer-, Dreier- und Zweiereinheiten, allerdings sind die Akzente jetzt nicht mehr mit besonderen Klängen unterlegt. Der Ablauf entspricht Hörbeispiel 10.
Im Gruppenunterricht kann man auf Instrumenten einen bestimmten Ton oder Cluster an den Akzentstellen spielen oder singen oder einen bestimmten Akkord festlegen. Die Hörbeispiele Nr. 10 und Nr. 11 eignen sich auch sehr gut zur Einführung der Taktarten 2/4, 3/4 und 4/4. Dies geschieht im Kapitel Österreich. Man kann dann wieder auf sie zurückgreifen.

Grönland

Als erste Notenwerte werden ♩ und ♫ eingeführt, nachdem sich die vorausgegangenen Grundschlagübungen bereits an ♩ orientierten. Die Erfahrung zeigt, dass das Unterteilen des Grundschlags in kürzere Einheiten wesentlich leichter fällt als das Aushalten längerer Notenwerte. (Siehe auch Rhythmussprache nach Kodály, S. 2.) Es bleibt den Lehrerinnen und Lehrern überlassen, wie sie im Detail die einzelnen Notenwerte einführen. Ideen hierzu:
- Rhythmuskarten den gehörten Rhythmen zuordnen
- Rhythmen auf Körper-, Schlaginstrumenten oder eigenen Instrumenten spielen
- Rhythmen in verschiedene Reihenfolgen bringen und abspielen
- Rhythmen auf Rhythmussprache übertragen (z.B.: ta, ti nach Kodály, siehe S. 2)

Ab diesem Kapitel werden Taktstriche verwendet. Sie dienen der optischen Übersichtlichkeit. Der Begriff Takt und die Bedeutung der Taktstriche werden jedoch erst im Kapitel Österreich (S. 32) geklärt.

12 Warm klatschen
(36"; Einzähler: 8 Schläge)
Wer die Rhythmussprache benutzt, spricht alle Rhythmen mit ta und ti (siehe Rhythmussprache nach Kodály, S. 2)

13 Klapastaschna
(2'26"; Einzähler: 8 Schläge)
„Klapastaschna" bedeutet: klatschen, patschen, stampfen, mit der Zunge schnalzen. Die rhythmischen Bausteine von Hörbeispiel 12 werden nun mit verschiedenen Klanggesten (Körperinstrumenten) geübt:

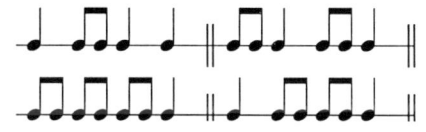

Die Reihenfolge der Klanggesten bleibt immer gleich. Die Rhythmen können mit den Rhythmuskarten von S. 17 nachgelegt werden. Der Streifen dient als Unterlage und verdeutlicht die Länge eines 4/4-Taktes.
Weitere Ideen zu Klapastaschna:
- Ein Schüler spricht eine Silbenfolge rhythmisch vor (z.B.: klakla pa klakla pa), die anderen übersetzen in Klanggesten.
- ebenso umgekehrt
- Man gibt einen Rhythmus in Klanggesten vor und übersetzt ihn in Rhythmussprache (z.B.: sta papa kla sta heißt dann: ta titi ta ta).
- ebenso umgekehrt

14 Rhythmusecho zum Aufwärmen
(36"; Einzähler: 8 Schläge)
Die auf S. 19 notierten und ergänzten Rhythmen werden zu Hörbeispiel 14 mitgelesen und mit den Rhythmuskarten von S. 17 nachgelegt.
Im Gruppenunterricht können die Echostellen abwechselnd von je einem Schüler gespielt werden. Reizvoll ist auch die Variante, anstelle des Echos einen völlig anderen Rhythmus zu spielen. Rhythmen und Melodien können natürlich auch auf verschiedene Arten artikuliert werden (staccato, legato, ...).
Singt man die Rhythmen als Melodien, eignen sich am besten Silben wie „dum" oder „dong" für die Viertelnoten, „dudu" oder „digi" für die Achtelnoten. Man kann auch richtige Texte erfinden, z.B.:

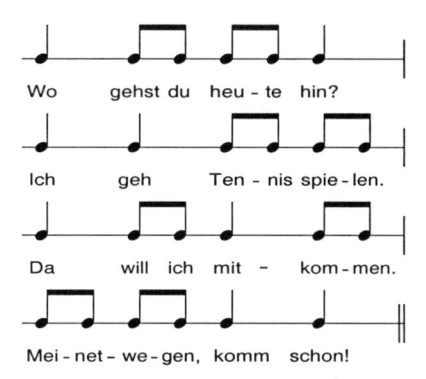

Wo gehst du heu - te hin?

Ich geh Ten - nis spie - len.

Da will ich mit - kom - men.

Mei - net - we - gen, komm schon!

Zum Melodien erfinden eignen sich besonders Xylophon, Glockenspiel, Matallophon, mit Wasser gestimmte Flaschen oder Gläser sowie alle anderen Melodie- und Harmonieinstrumente. Werden die Rhythmen auf einem Melodie- oder Harmonieinstrument gespielt, verwendet man die Töne oder Harmonien, die schon bekannt sind, auch wenn dadurch im Anfängerunterricht keine große Auswahl entsteht. Man kann die gefundenen Melodien und Harmonien aufschreiben und am Rand der Seite einkleben.

© 2000 by Edition Conbrio / ECB 6047

15 Geräuschecho (2'12"; 6 Schläge) und
16 Vorstellen der Geräusche (30")
Die Geräusche sind
1. Topfdeckel mit Bleistift spielen
2. mit Bleistift auf CD-Hülle klopfen
3. mit dem Kamm z.B. an der Tischkante entlang fahren
4. über eine Flasche blasen

17 Instrumentenecho (56"; 6 Schläge)
Anstelle der CD kann das Echo auch live gespielt werden. Reizvoll ist es, sich im Raum weit auseinander, hinter eine Tafel oder einen Vorhang zu stellen. Der Echotakt kann auch mehrmals wiederholt und dabei immer leiser gespielt werden.
Tutti-Solo-Spiel: eine/r spielt vor, die Gruppe antwortet als Echo gemeinsam

Schweiz

Zu den Notenwerten Viertel und Achtel kommt die Viertelpause hinzu und wird im 3/4- und 4/4-Takt geübt.

18 Schritte im Schnee
(32"; 4 Schläge)
Zunächst geht es darum Pausen zu empfinden und das Metrum trotz Pause weiter zu spüren: hörbare Schritte – lautlose Schritte. Dann wird die Schreibweise der Viertelpause gelernt. Während des Schreibens können die Worte „Hier hörst du nichts!" zu jedem einzelnen Strich oder Bogen des Pausenzeichens gesprochen werden.

19 Welches Wort macht Pause?
(1'23"; je 6 Schläge)
Man kann die Worte vor dem Hören erst einmal gemeinsam lesen und dabei schon im dreier Metrum sprechen.
Lösungen:
☐ Luft	☐ Schloss	☒ Geist
☐ Frosch	☒ Laich	☐ Teich
☒ Fern	☐ Schnell	☐ Zug
☐ Feder	☐ Ball	☒ Spiel
☐ Milch	☒ Speise	☐ Eis
☒ Schnurr	☐ Bart	☐ Haare
☒ Schmetter	☐ Klapper	☐ Sittich
☐ Schweizer	☒ Löcher	☐ Käse

20 Für fixe Ohren
(30"; je 6 Schläge)
Lösungen:
Luft	Schloss	𝄽		(2x)
Feder	𝄽	Spiel		(2x)
𝄽	Bart	Haare		(2x)
Schweizer	𝄽	Käse		(2x)

21 Andere Wortpausen
(1'39"; je 4 Schläge)
Lösungen:
☐ Fuß	☐ Ball	☒ Spiel	☐ Feld
☐ Floh	☐ Zirkus	☐ Zelt	☒ Dach
☐ Spuk	☒ Schloss	☐ Geister	☐ Tanz
☒ Ritter	☐ Rüstungs	☐ Schmier	☐ Öl
☐ Kroko	☒ Dino	☐ Fanten	☐ Bär
☒ Kirsch	☐ Schoko	☐ Sahne	☐ Torte
☐ Regen	☐ Bogen	☒ Farben	☐ Zauber
☐ Super	☒ Kuller	☐ Kitzel	☐ Spaß

22 Für schnelle Ohren
(47"; je 4 Schläge)
Lösungen:
Fuß	Ball	𝄽	Feld	(2x)
𝄽	Zirkus	Zelt	Dach	(2x)
Ritter	𝄽	Schmier	Öl	(2x)
Super	Kuller	Kitzel	𝄽	(2x)
Spuk	Schloss	𝄽	Tanz	(2x)
Kirsch	Schoko	Sahne	𝄽	(2x)

Spanien

Ein Gefühl für die Viertelsynkope im 3/4- und 4/4-Takt wird entwickelt und dabei auch die Einzelschreibweise der Achtelnote eingeführt. Es folgt das Erarbeiten der Achtelpause und der Achteltriole, wobei diese im Kapitel „Mexiko" (ab S. 49) noch ausführlicher behandelt wird.

23 Spanische Melodie (1'10")
Bewegungsideen:

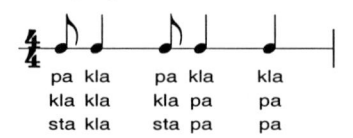

pa kla   pa kla   kla
kla kla   kla pa   pa
sta kla   sta pa   pa

© 2000 by Edition Conbrio / ECB 6047

24/25/26 Sprechkanon (40"/42"/51")
Zunächst gehen dem Sprechvers vier Einzähler voraus.
Dem zweistimmigen Kanon gehen ebenfalls vier Einzähler voraus. Er endet, wenn die zweite Stimme den Kanon zweimal gesprochen hat. Dem vierstimmigen Kanon gehen wieder vier Einzähler voraus. Jede Stimme spricht den Kanon zweimal.

27 Die ver-rückte Achtelnote
(38"; 8 Schläge)
Hier wird wieder die Rhythmussprache nach Kodály (s. S. 2) verwendet.

28 Noch mehr Ver-rückte (30"; 6 Schläge)
Lösung: 4 – 1 – 3 – 2

29 Die verlorene Achtelnote
(26"; 8 Schläge)
Die Achtelpause wird über das Hören eingeführt, anschließend im Notenbild kennen gelernt und geübt.

Lösung für die fehlende Achtelpause auf S. 30:

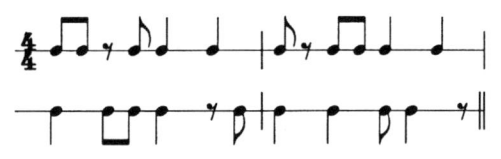

23 Spanische Melodie mit zusammengerückten Achtelnoten (1'10")
Hier wird noch einmal auf Hörbeispiel 23 zurückgegriffen. Das Ostinato soll mit folgenden Klanggesten gespielt werden:

auf Oberschenkel

an der Außenseite der Oberschenkel

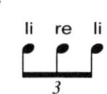

Weitere Übungen zur Achteltriole siehe Kapitel „Mexiko" (ab S. 49).

Österreich

Nachdem das Taktempfinden in den vorausgegangenen Kapiteln ausführlich vorbereitet wurde, wird nun das Phänomen „Takt" im 3/4 und 4/4 bewusst gemacht. Im Zwiefachen erscheint der einfach zu verstehende 2/4-Takt und der Taktwechsel, außerdem werden Auftakt und Volltakt eingeführt.

30 Schwer – leicht – leicht (44"; 6 Schläge)
pfeif   klatsch   klatsch (8x)
schnalz kuss   kuss   (8x)
klatsch   wisch   wisch   (8x)
(wisch = Handflächen aneinander reiben)

31 Eine Melodie im 3/4-Takt
(51"; 6 Schläge)
Beispiele für Geräusche auf verschiedenen Instrumenten:

Handtrommel: Daumenschlag, Fingerschlag, Fingerschlag
Guiro: schrap, klopf, klopf
Wooden agogo: tief, hoch, hoch
Querflöte: alle Klappen der linken Hand schließen, eine Klappe mit Zeigefinger rechts schließen, eine Klappe mit Zeigefinger rechts schließen
Gitarre: über die leeren Saiten schlagen, leise auf Gitarrendecke klopfen, leise auf Gitarrendecke klopfen
Klavier: Cluster mit dem linken Unterarm, leise auf den Klavierkörper klopfen, leise auf den Klavierkörper klopfen
Xylophon: auf den Holzkasten schlagen, glissando, glissando
Blockflötenkopf: ins Labium blasen, mit der rechten Hand auf das offene Ende schlagen, mit der rechten Hand auf das offene Ende schlagen

32 Einmal schwer und dreimal leicht
(28"; 4 Schläge)
klatsch kuss   kuss   kuss   (4x)
schnalz wisch wisch wisch (4x)
patsch   pfeif   pfeif   pfeif   (4x)

33 Eine Melodie im 4/4-Takt
(30"; 4 Schläge)
Beispiele für Instrumentalklänge siehe Lehrerkommentar, Hörbeispiel 31.

34/35 Improvisation im 4/4-Takt
(1'11"/1'11"; je 4 Schläge)
36/37 Improvisation im 3/4-Takt
(1'19"/1'19"; je 6 Schläge)
Hier geht es um das freie Erfinden von Rhythmen in ein-, zwei oder viertaktigen Phrasen. Wer mit dem freien Spielen noch Schwierigkeiten hat oder die Phrasenlänge noch nicht

richtig empfindet, kann ein- oder zweitaktige Rhythmen mit den Notenkarten und -streifen von S. 35 und 37 legen und diese dann in den Pausen spielen.

Viertel, Achtel oder was?
Diese Takte einzeln mehrmals diktieren:

38 Holper-di-stolper (39")
Nach den zahlreichen Übungen für das Empfinden des Taktschwerpunktes im 3/4- und 4/4-Takt folgt jetzt eine Besonderheit: der Zwiefache im 3/4- und 2/4-Takt.
Lösung:

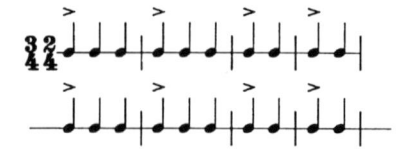

für den Gruppenunterricht:
- Zwei stehen sich gegenüber und klatschen den Schwerpunkt in die Hände des anderen, die „leichten" Betonungen in die eigenen.
- Man kann den Wechsel von 2/4- und 3/4-Takt auch in der Bewegung spüren: Stellt euch hintereinander auf und geht so: beim Schwerpunkt einen Schritt vor, bei den „leichten" Betonungen Schritte am Platz (der rechte Fuß beginnt).
- Stellt euch paarweise gegenüber, ca. in 1-2 Meter Entfernung. Mit 3 Schritten geht ihr nun aufeinander zu, mit 3 Schritten wieder auseinander (der rechte Fuß beginnt), dann einen Schritt nach rechts, der linke Fuß tippt dabei kurz an den rechten, dann einen Schritt nach links und der rechte tippt an den linken ...

39 Liedanfänge hören (3'51")
Zunächst ist es noch unwichtig, in welcher Taktart die Lieder stehen. Wichtig ist es zu hören und zu spüren, ob das Lied mit einer leichten oder schweren Zählzeit beginnt. Mitklatschen oder Mitsingen erleichtert das Spüren. Jeder Liedanfang erklingt zweimal.

What shall we do ... 4/4, Volltakt
Im Frühtau ...   4/4, ein Achtel Auftakt
Wachet auf   3/4, zwei Achtel Auftakt
Himmel und Erde   3/4, Volltakt
Kumba yah   3/4, zwei Achtel Auftakt
Hört ihr die Drescher 3/4, Volltakt
He, ho, spann ...   4/4, Volltakt
Der Mond ist ...   4/4, ein Viertel Auftakt

40/41 Taktarten hören (21"/28"):

Takte ergänzen, Lösungsvorschläge:

China

Durch die zahlreichen Übungen mit kürzeren Noten- und Pausenwerten, Viertel und Achtel, ist die Grundlage geschaffen, auch längere Noten- und Pausenwerte zu empfinden.

Sie werden in folgender Reihenfolge erarbeitet: halbe Note und Pause im 4/4-Takt, halbe Note im 3/4-Takt, punktierte halbe Note und ganze Pause im 3/4-Takt, anschließend ganze Note und Pause im 4/4-Takt.

42 Chinesische Melodie (45")
Mit Hilfe der Klanggesten kann die Länge der halben Note und Pause ganzkörperlich mitempfunden und die Spannung gehalten werden.

43 Drei Chinesen ... (1'22")
Bei diesem Hörbeispiel erklingen vier Strophen des Liedes. In jeder Strophe singt man alle Vokale nur auf jeweils einem Vokal, z.B. „Dri Chinisi mit dim Kintribiss" oder „Dro Chonoso mot dom Kontroboss".

Drei Chinesen (zu Hörbeispiel 43)

Drei Chi-ne-sen mit dem Kon-tra-bass, sa-ßen auf der Stra-ße und er-zähl-ten sich was. Da kam die Po-li-zei und sagt: „Was ist denn das?" Drei Chi-ne-sen mit dem Kon-tra-bass.

44 Filli di Lickin (Fülle die Lücken) (1'56"; 4 Schläge)
Lösung:

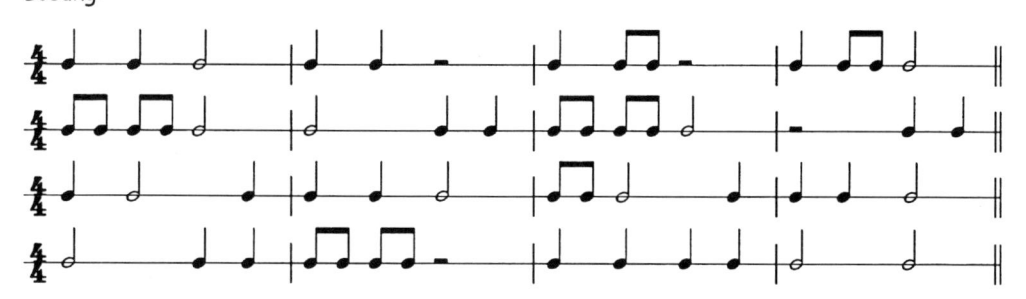

45 Filli di Lickin (Kurzfassung)
(38"; 4 Schläge)
Die Noten entsprechen denen von Hörbeispiel 44.

Rhythmusspielereien

Für Instrumentalschüler: Zu den vorgegebenen Rhythmen können mit zwei Tönen, Tönen der pentatonischen Reihe (z.B.: c d e g a, f g a c d), mit Dreiklangstönen oder in Dur- und Moll-Skalen Melodien erfunden und notiert werden.

46/47/48 Gongspiele
(39"/39"/39"; je 6 Schläge)
Die Anregungen zu Gongspiel 1 gelten ebenso für die anderen Gongspiele.

49 Versteinern (35"; 6 Schläge)
Hier wird über das Hören und ganzkörperliche Reagieren die ganze Pause im 3/4-Takt erlebt. Versteinern bedeutet in der Bewegung abrupt innehalten und die Körperspannung während der Pause intensiv spüren.

50 Lange Töne und lange Pausen
(41"; 4 Schläge)
Es können beliebige Töne gewählt werden, so dass jeweils ein Cluster (Tontraube) erklingt. Anstelle der Stimme können auch langklingende Instrumente eingesetzt werden. Auch hier soll die ganze Pause wieder deutlich zu spüren sein.

Mexiko

Die punktierte Viertelnote im 3/4- und 4/4-Takt wird über das Hören und Nachsprechen kennen gelernt. Das bewusste Erfassen des Notenwertes und seiner Schreibweise erfolgt über die Darstellung als Viertel und Achtel mit Haltebogen.

51 Olé (1'06"; 4 Schläge)
Wieder einmal sollen alle Rhythmen zunächst über das Hören und Mitsprechen erfasst werden. Die Noten werden erst eingetragen, nachdem die Schreibweise in „Mach mal einen Punkt" (S. 50) geklärt wurde.

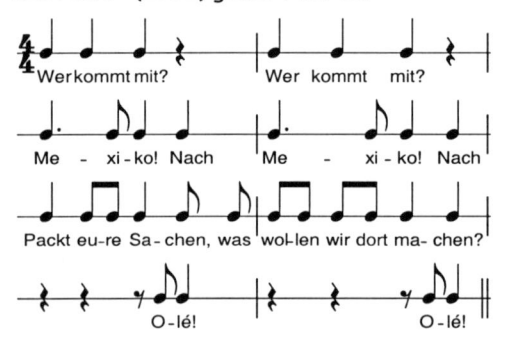

52 Nach Mexiko! (51"; 4 Schläge)
Diese Rhythmuszeile

erklingt nicht durchgehend, soll aber trotzdem immer exakt mitgesprochen oder mitgespielt werden.

53 Suchbild 1 (36"; 4 Schläge)
Wieder ist die Rhythmussprache nach Kodály (s. S. 2) sehr zu empfehlen. Sie drückt das Verschmelzen der beiden Notenwerte klar aus:

ta ti wird tai

54 Suchbild 2 (52"; 4 Schläge)
Als weitere Übung soll die punktierte Viertelnote nun aus einer Melodie herausgehört werden. Das Notenbild zeigt aber nur die rhythmische Struktur der Melodie.

Mach mal einen Punkt
Das vollständige Notenbild von Hörbeispiel 51 ist hier (linke Spalte) abgebildet.

Der springende Punkt
Auf der Suche nach Texten muss darauf geachtet werden, dass der natürliche Sprechrhythmus erhalten bleibt. Bei den ersten Versuchen kann der Lehrer sicherlich helfen.
Textvorschläge:

Mir ist's zu heiß!

Fo - to-ap-pa-rat!

55 Mexican Waltz (52"; 6 Schläge)
Textvorschläge:

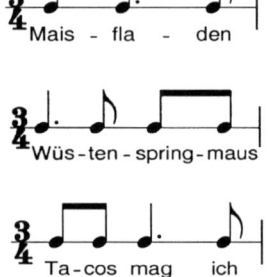

Mais - fla - den

Wüs - ten - spring - maus

Ta - cos mag ich

56 Lückentext (1'47"; je 6 Schläge)

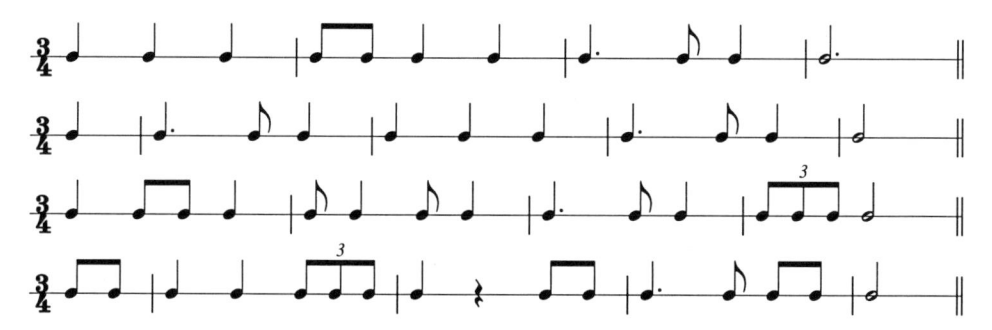

57 Fiesta rhythmicana im 3/4-Takt
(49"; 6 Schläge)
Für die Gruppe: Die Gruppe steht im Kreis, vor jedem liegt ein Schlaginstrument. Nach jedem Echospiel geht man schnell in einer festgelegten Richtung zum nächsten Instrument und spielt auf diesem das nächste Echo.

58 Fiesta rhythmicana im 4/4-Takt
(1'08"; 8 Schläge)
Dieses Hörbeispiel kann auch als Gehördiktat verwendet werden. Die zweitaktigen Rhythmen können mit den Notenkarten von S. 35 und 37 nachgelegt oder auf ein Blatt geschrieben werden.

Schottland

Der 6/8-Takt wird zunächst über Bewegung und Schwerpunktempfinden eingeführt. Eintaktige rhythmische Bausteine und entsprechende Texte helfen, das noch ungewohnte Notenbild zunächst ganzheitlich zu erfassen.

59 Schottischer Tanz (1'13")
Dem Seit- und dem Anstellschritt folgen immer je zwei Klatscher.

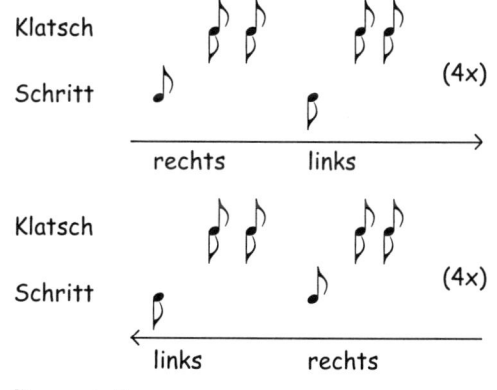

Klatsch
Schritt
rechts   links   (4x)

Klatsch
Schritt
links   rechts   (4x)

Tanznotation:
♪ = rechts   ♩ = links
♪ = rechts und links gleichzeitig

60 Schottischer Tanz mit Pausen (1'16")
Zu den Klanggesten können auch die Schritte von Hörbeispiel 59 dazukommen.

61 Grandpapa/Grandmama oder Opapa/Omama (42"; 6 Schläge)

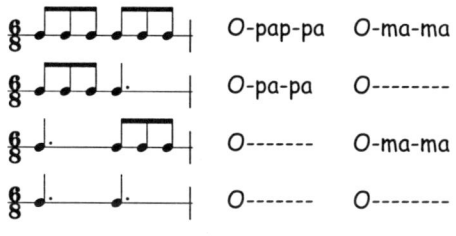

O-pap-pa   O-ma-ma
O-pa-pa   O--------
O-------   O-ma-ma
O-------   O--------

Das ganze Stück erklingt dreimal.

62 Noch mehr Großeltern (42"; 6 Schläge)

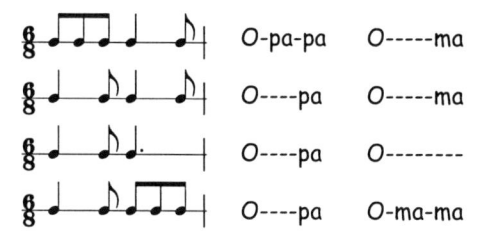

O-pa-pa   O-----ma
O----pa   O-----ma
O----pa   O--------
O----pa   O-ma-ma

Das ganze Stück erklingt dreimal.

© 2000 by Edition Conbrio / ECB 6047

Komponieren

Für die Gruppe:
- Wenn die Rhythmus-Textkarten-Schlange aufliegt, spricht ein Schüler die Sprechkarten, ein anderer spielt die Rhythmuskarten auf einem Instrument.
- Ein Schüler hat die Textkarten, ein anderer die Rhythmuskarten. Der erste spricht eine Karte vor, der andere hebt die entsprechende Notenkarte hoch oder umgekehrt.

63 Sortieren (42"; je 6 Schläge)

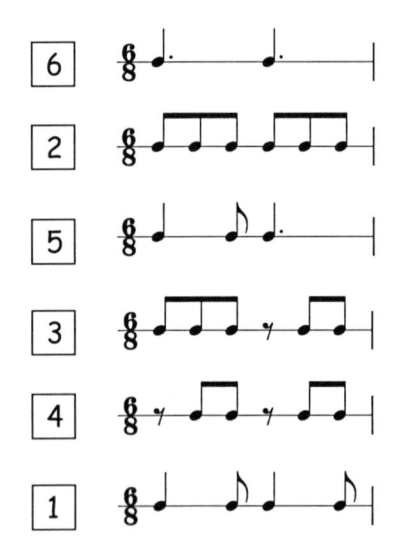

1 Erinnerungsfotos (Reiseroute)
(3'40")
Das erste Hörbeispiel, das schon am Anfang des Rhythmuslehrganges stand, wird nun „durchblickt". Die Aufgaben dazu auf S. 61-64 können über mehrere Wiederholungsstunden hinweg als Anreiz dienen, sich mit dem gesamten Stoff noch einmal auseinander zu setzen.
Die ganz fähigen Globetrotter können vielleicht auf Anhieb alle Aufgaben direkt hintereinander zur CD erfüllen.

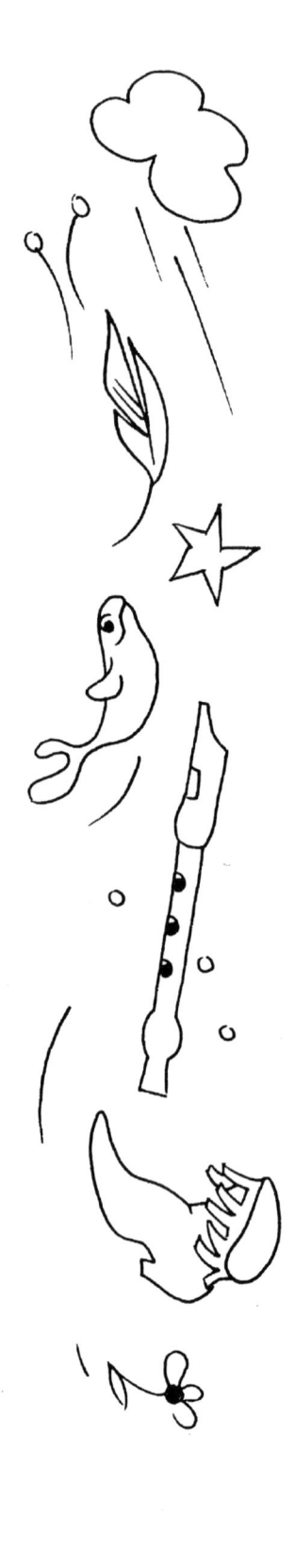

ÜBUNG

1. Benenne die Noten und schreibe die Anzahl der Schläge jeweils darunter.

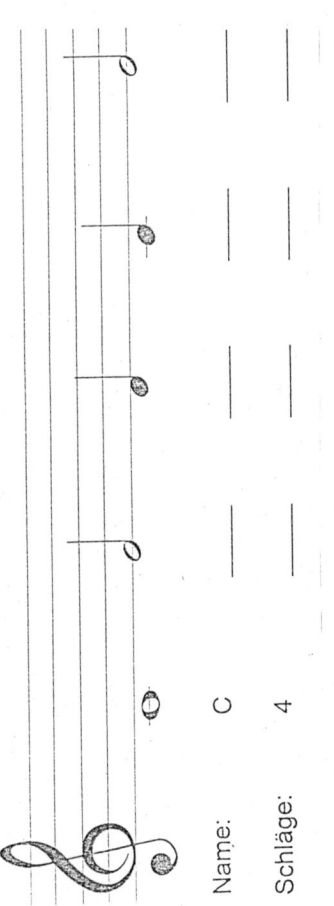

Name: C   _____   _____   _____   _____
Schläge: 4   _____   _____   _____   _____

2. Schreibe die folgenden Noten:

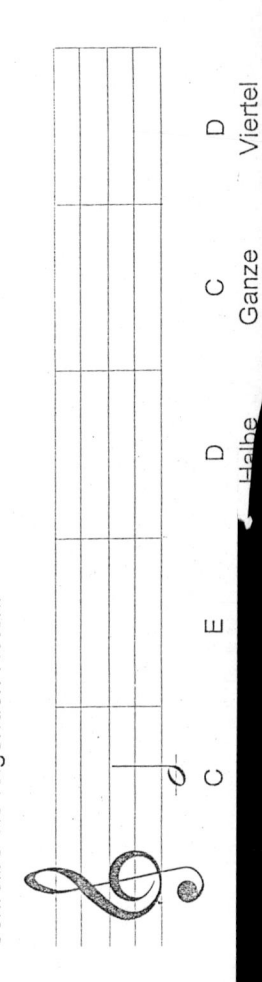

   C   E   D   C   D
          Halbe   Ganze   Viertel

© 2000 by Edition Conbrio / ECB 6047

© 2000 by Edition Conbrio / ECB 6047

© 2000 by Edition Conbrio / ECB 6047

© 2000 by Edition Conbrio / ECB 6047